Ignaz Stahl

Georg Anton v. Stahl, Bischof von Würzburg - ein Lebensbild

Ignaz Stahl

Georg Anton v. Stahl, Bischof von Würzburg - ein Lebensbild

ISBN/EAN: 9783743404472

Hergestellt in Europa, USA, Kanada, Australien, Japan

Cover: Foto ©ninafisch / pixelio.de

Ignaz Stahl

Georg Anton v. Stahl, Bischof von Würzburg - ein Lebensbild

Deutschlands Episcopat
in Lebensbildern.

VI. Heft.

Georg Anton v. Stahl,
Bischof von Würzburg.

Ein Lebensbild

verfaßt von

Dr. Ign. Stahl,
Curatus und Privatdocent.

Würzburg 1873.

Leo Woerl'sche Buch= und kirchl. Kunstverlagshandlung.

1. Kindheit und Jugend.

Der Geburtsort des späteren Bischofes Georg Anton ist Stadtprozelten, am Main gelegen, ein kleiner, Holzhandel und Schifferei treibender Marktflecken. Hier erblickte er am 29. März 1805 das Licht der Welt. Seine Aeltern Franz Michael Stahl der Aeltere und Katharina Klara geb. Firmbach), waren wackere christliche Schiffersleute, aber keineswegs mit zeitlichen Gütern gesegnet, da die Familie durch Wegnahme der Schifferei im Kriege und Elementarereignisse wiederholt empfindliche Verluste erlitten hatte. Allein Genügsamkeit und Gottesfriede wohnte in der Familie: Fleiß und Redlichkeit zierte den Vater, eine kernhafte Frömmigkeit die Mutter, welche sie auch ihren Kindern einzupflanzen wußte. Georg Anton war unter 11 Kindern das neunte, der erste Knabe. Jeder, der mit ihm im späteren Leben verkehrte, hat Gelegenheit gehabt, seine Liebe und Dankbarkeit gegen seine Aeltern und vorzüglich gegen seine Mutter kennen zu lernen, welche kein schöneres Denkmal hätte erhalten können, als diese Liebe im Herzen ihres Sohnes. Die ächt christliche, schlichte Frömmigkeit der Mutter ging auf den Sohn über und bildete einen hervorragenden Zug seines Characters.

Georg Anton war und blieb sein Leben lang körperlich schwächlich, fast immer kränklich, sein Geist war geweckt, leicht und klar fassend, seine Gemüthsart sanft und innig.

Nebst seinen Aeltern waren ihm zwei Gestalten liebliche Erinnerungen aus der Kindheit, der Pfarrer Luka, ein frommer gewissenhafter Priester und liebevoller Kinderfreund, und Georg Steigerwald, ein ausgezeichneter und frommer Lehrer, der, damals in seinen besten Jahren angestellt, bis zum Jahre 1863 in Stadtprozelten 48 Jahre lang segensreich wirkte. Als Georg Anton nach langem Bitten von seinen Aeltern die Erlaubniß erhalten, begab er sich, noch nicht 6 Jahre alt, in die Schule, wo Steigerwald ihn freundlich aufnahm. Mit seinem klaren Geiste und durch seinen anhaltenden Fleiß machte er die erfreulichsten Fortschritte, so daß er alsbald ohne die gewöhnlichen Zwischenstufen in höhere Abtheilungen vorrückte. Eine besondere Freude war es für sein frommes Herz, dem Pfarrer zur hl. Messe dienen zu können. Charakteristisch war bei ihm die Vorliebe zum Lamme, das ihn immer an das Lamm Gottes, an die Lammesgeduld erinnerte und an die Lammesunschuld — zwei Grundzüge seines edlen Herzens und Lebens. In seinem achten Lebensjahre am 15. August 1812 empfing er in der Pfarrkirche zu Eſſelbach vom damaligen Weihbischofe Kolborn die hl. Firmung. Obwohl er damals noch Kind war, so blieb doch der Eindruck dieser hl. Handlung unverwischt in seinem Gedächtniß; so oft er nach Eſſelbach kam, besuchte er diese Kirche und wußte noch genau die Stelle, an der ihm dieses hl. Sacrament gespendet worden war.

In der Schule zog ihn namentlich der Religionsunterricht des wackeren Steigerwald an, der ein Meister im Katechisiren war, und die Religionsstunden den Kindern zu ihren Lieblingsstunden zu machen wußte. Stahl liebte besonders seinen Katechismus, und dieses Büchlein, aus dem er als Kind gelernt, war ihm ein liebes Andenken, das er noch als Bischof auf seinem Schreibpulte sorgfältig aufbewahrte.

Obwohl schwächlich und kränklich, sollte der Knabe, der so unter der sorgsamen Pflege von Haus, Schule und Kirche sich entwickelte, das anstrengende Geschäft seines Vaters erlernen; ihn zum Studiren zu bestimmen, fanden die Aeltern sich zu arm. Endlich gelang es dem damaligen Caplan Schnetter, ihre Bedenken zu besiegen, indem er sich erbot, ihrem Sohne nebst drei andern Altersgenoſſen Unterricht zu ertheilen, so daß sie nach einiger Zeit in eine höhere Claſſe vorrücken könnten.

So bezogen denn die 4 angehenden Studenten, unter denen ein talentvoller Cousin Stahl's, Ludwig Brand, ihre Hochschule beim Caplan, der am 3. Juli 1816 seine Vorlesungen begann. Nach einem halben Jahre wurde Schnetter als Caplan nach St. Agatha in Aschaffenburg versetzt, sein Nachfolger war Caplan Brennig, der später als Pfarrer von Niedernberg starb. Brennig nahm sich mit gleichem Eifer der vier Zöglinge an:

sie lernten rasch, mit edlem Wetteifer und gutem Erfolge. Breunig war Musikfreund, musikalisch gebildet; seine Zöglinge hatten darin bei Steigerwald Unterricht erhalten. Wenn daher Breunig seinen Unterricht beendigt hatte, wurden die Bücher auf Seite gelegt, die Notenpulte herbeigeschleppt, und die 4 angehenden Studenten und ihr Professor suchten dann edle Erholung in Einübung und Durchführung von Quintetten. Stahl spielte außer Violin noch Klavier und Orgel und war überhaupt ein großer Freund der Musik, für die er auch ein feines Gehör und sehr glückliches Gedächtniß hatte, so daß es ihm ein Leichtes war, gehörte Stücke nachzuspielen und aufzuzeichnen.

Da sich hier Gelegenheit gibt, wollen wir etwas vorgreifen, um einen Zug seines Herzens zu schildern. Stahl war fern von jedem mechanischen Lernen, sondern griff Alles principiell auf, und so leitete ihn Alles auf Gott, den Urgrund alles Wahren, Guten und Schönen, zurück. So liebte er später besonders Physik und Mathematik, weil die Schönheit, Festigkeit, Klarheit und Mannichfaltigkeit ihrer Gesetze, die Gesetze der Zahlen und Größen ihm die Schönheit, Weisheit des Gesetzgebers wiederspiegelten, von dessen Wesen diese Gesetze ein Ausfluß sind. Ein Gleiches wirkte in ihm die Musik. Die Harmonie der Töne, die Schönheit ihrer Accorde und ihre Gesetze waren ihm ein Reflex der göttlichen Schönheit und Harmonie und fanden in seinem unverdorbenen Herzen einen reinen Wiederklang. So kam es, daß Musik ihn zur Andacht stimmte, ihn Gott bewundern und anbeten lehrte. So sehr er den ernsten Choral liebte und verstand, so war er doch einer gefälligen Musik nicht abgeneigt, umsoweniger, als bei profanen Stücken ihm, der keine Bälle und Opern besuchte, der mancher Melodie zu Grund liegende Text unbekannt war und darum ihn nicht störte; er lauschte nur der Lieblichkeit der Melodie, welche gewiß mit der Freudigkeit und Lieblichkeit des Verkehrs mit Gott vereinigt werden kann.

Der Erfolg des ersten Unterrichtes und Studiums war ein so günstiger, daß er bereits nach 1 1/4 Jahre, im Herbste 1817 zu Aschaffenburg nebst seinem Freunde Brand, mit Ueberspringung von vier Classen in die erste Gymnasialclasse aufgenommen wurde. Beide bezogen nun ein gemeinsames Zimmer in der Nähe des Herstallthores; aber nun begannen für ihn auch harte Zeiten. Seine braven Aeltern konnten wegen der zahlreichen

Familie bei aller Liebe und Sorgfalt ihm nur wenig bieten. Sein Vater brachte ihm für den Winter das Holz, durch Verwendung des Caplans Schnetter erhielt er einige Kosttage, aber in den ersten zwei Jahren hatte er kein warmes Frühstück, kein warmes Abendessen, wenn er sich nicht manchmal Abends Milch kaufte und warm machte: sonst hatte er nur ein Stück Brod oder einen Weck. Bei aller Dürftigkeit, Entbehrung und Schwächlichkeit war sein Eifer im Studium ein so großer, daß er und Brand immer um die ersten Plätze rivalisirten und er am 14. September 1821, also 16 $\frac{1}{2}$ Jahre alt das Gymnasium mit der Note „vorzüglich würdig" absolvirte.

Bei seinen Mitschülern war er wegen seiner Milde, Sanftmuth und brüderlichen Kameradschaftlichkeit beliebt. Aus jener Zeit stammt sein Freundschaftsverhältniß mit Edel, Hoffmann, Ludwig, Hegmann und Anderen. Das Mitschülerverhältniß vergaß er gar nie und immer freute es ihn, im spätern Leben mit seinen ehemaligen Studiengenossen zusammenzutreffen, die er aber dann auch stets in nobler Weise behandelte, selbst da, wo Lebensberuf und Schicksale große Scheidung herbeigeführt hatten. So sehr interessirte er sich für alle seine Mitschüler, daß er noch ein Jahr vor seinem Tode die Namen derselben von dem ersten Studienjahre aus dem Gedächtnisse aufzeichnen konnte.

An seinen Professoren hing er mit kindlicher Pietät, die er ihnen noch als Bischof in jeder Weise bezeigte. Unter allen Gegenständen zog ihn wiederum am meisten die Religion an, welche damals von den Classenlehrern gelehrt wurde, freilich oft auf eine nicht sehr begeisternde Art, oft recht verflacht, verschwommen, verwässert. Wenn daher späterhin manche seiner ehemaligen Studiengenossen Verworrenheit, Verirrungen sich zu Schulden kommen ließen, suchte er sie zu entschuldigen, indem er auf jenen Unterricht hinwies und zugleich Gott dankte für den soliden Unterricht, den er früher in Haus und Schule und später in der Theologie genossen. Einer jener Professoren, Aschenbrenner, verließ später, obwohl Priester, sogar den Schooß der hl. Kirche.

Mit dem eifrigen Studium verband Stahl eine eben so innige, als kernige Frömmigkeit, fern von aller Sentimentalität. Nie versagte er sich das Anhören der hl. Messe; den Rosenkranz liebte er als eine kräftige Hausmannskost. Alle vierzehn Tage ging er zu den hl. Sacramenten. Am Vorabend der hl. Communion las er die Abschiedsreden unsres Herrn bei Johannes, setzte sich dann an's Clavier und sang einige sacramentalische Lieder aus dem Mainzer Gesangbuche. Dies sind für ihn wahre Weihestunden gewesen.

Eine große Freude war es für ihn, die Ferienzeit zu Hause bei seinen Aeltern und Geschwistern zuzubringen. Frisch gestärkt ging er dann wieder an's Studium. Im dritten Jahre seines Aufenthaltes in Aschaffenburg besserten sich seine Verhältnisse, indem er bei Professor Strauß die Stelle eines Hauslehrers versah; allein damit wuchs auch seine Arbeit, indem er täglich abwechselnd drei und vier Stunden Privatunterricht ertheilen mußte, ohne daß jedoch sein eigenes Studium beeinträchtigt wurde, obwohl eine höchst gefährliche Lungenentzündung ihn damals lange an's Krankenbett fesselte.

Im Jahre 1821 trat Stahl an das Lyceum in Aschaffenburg über, wo er mit dem Prädicate „Ausgezeichnet" zwei Jahre der Philosophie und eben so viel der Theologie widmete. In der Theologie hatte er außer anderen Professoren besonders den damals erst angestellten Professor Döllinger sehr lieb, der auf ihn sehr anregend einwirkte, obwohl ihm, wie er später oft gestand, manchmal eine Lücke blieb, indem er bei Döllinger eine größere Hingabe an die göttliche Auctorität des kirchlichen Lehramtes wünschte. Doch blieb er sein ganzes Leben ein dankbarer und wahrhaft, aber nicht blind ergebener Schüler dieses früher so gefeierten Lehrers. Diese Liebe zu ihm suchte er auch immer zu bezeigen: er stand mit ihm auch später noch in Briefwechsel, holte sich als Professor von ihm Rath, besonders für seine Vorlesungen über Religionsphilosophie; so oft er sich, auch noch als Bischof, einige Tage in München aufhielt, konnte er sich's nicht versagen, ihn zu besuchen. Als Stahl in Aschaffenburg Caplan war, stürzte Döllinger bei einem Besuche daselbst in der Dunkelheit über eine Mauer hinab und verletzte sich nicht unbedeutend am Fuße; da brachte Stahl mehre Nächte an dessen Bette zu, um ihn zu pflegen.

2. Alumnat.

Im Herbste 1825 trat Stahl in das Clericalseminar zu Würzburg ein, wo ihn der Subregens Dr. Benkert besonders lieb gewann. Es war für ihn ein unvergeßlicher Tag, an dem er zum ersten Male das geistliche Gewand anlegte. Priester zu werden war sein Ideal, das Ziel seines Strebens: vom Priesterthume hatte er eine so hohe Meinung, eine solche Verehrung vor dem Priester, daß er bis zu jener Zeit glaubte, ein Priester könne gar keine Todsünde begehen. Erst im Colleg über Moral hörte er zum ersten Male, daß ein Priester auch sündigen könne und er war darüber ganz erstaunt und betroffen. Dies sein Staunen läßt einen tiefen Blick thun in sein unschuldiges, reines Herz, das sein ganzes Leben lang aus seinen klaren Augen hervorleuchtete.

Mit rastlosem Eifer betrieb er sein Studium in der Theologie, lieferte einige kleinere Arbeiten in literarisch-theologische Zeitschriften, studirte besonders mit Glück die orientalischen Sprachen, in denen er große Kenntnisse sich sammelte, so daß er sich selbst für die hebräische und arabische Sprache eine kleine Grammatik zusammenschrieb, und, obwohl er nie davon sprach, noch später als Bischof, wo sich einige Mal Gelegenheit ergab, seine genaue Kenntniß der hebräischen Sprache an den Tag legte. Mit kindlicher Offenherzigkeit, ohne Stolz, theilte er seinen Aeltern Alles mit, was ihnen nur Freude machen konnte. Der Monat Dezember 1826 war für ihn in zweifacher Beziehung ein wichtiger. Am 23. Dezember nämlich erhielt er in der Cathedrale die hl. Weihe des Subdiaconats. „Es ist dieses, so schrieb er seinen Aeltern, jene Weihe, welche mich auf immer an unsere Kirche bindet und mir keinen Rücktritt mehr möglich macht. Ich habe es Ihnen schon früher geschrieben, daß in dieser Hinsicht mein Entschluß felsenfest ist, und wiederholt bekenne ich es, daß ich es wohl fühle, daß mein Beruf von Gott kommt. Darum thue ich getrost diesen Schritt und der nächste Samstag ist der feierliche Tag, an welchem ich meine Vermählung mit der Kirche Christi feiere." In demselben Monat erging an ihn vom Erzbischof von München durch Vermittlung der Seminarvorstände die Aufforderung, in das Collegium Germanicum zu Rom einzutreten. Er betrachtete dieses als einen Ruf von oben und für ein großes Glück, und theilte es mit großer Freude seinen Aeltern mit, um deren Einwilligung zu erholen — fügte aber dann hinzu: „Wir wollen täglich beten, daß wir nicht stolz werden, damit darauf kein Fall folgt." Tief gerührt und mit Thränen erhielt er einige Tage darauf die Einwilligung seiner Aeltern; sie schrieben ihm, sie verlangten von ihm und hätten schon oft mit ausgespannten Armen gebetet, daß er ein guter Priester würde. Dieses Ziel hoffte er am besten in der hl. Stadt erreichen zu können, wo jede Stelle an die großen Muster der Heiligkeit früherer Zeit erinnert. Am 10. März 1827 empfing er vom Bischofe von Groß die hl. Diaconatsweihe im Dom. Dann rüstete er sich zum Abschied; die Charwoche brachte er bei seinen Aeltern zu, am Dienstag nach Ostern (17. April) schlug die Trennungsstunde, in welcher er aber nach seinem eigenen Ausdruck „seines Seelenschmerzes ungeachtet dennoch seine Fassung behielt." Nur wer die innige Liebe Stahl's zu seinen Aeltern und Geschwistern kannte, vermag sich von diesem Abschiedsschmerze eine Vorstellung zu machen. Von Stadtprozelten begab er sich nach Würzburg, wo er am 21. April früh aus der Hand des Subregens Dr. Benkert die hl. Communion empfing und dann mit dem Postwagen nach München abreiste. Dort besuchte er Döllinger, der sich ihm sehr freundlich bewies, wurde dem Bischof Seiler von Regensburg und Riccabona von Passau vorgestellt. In München traf er mit 4 Reisegefährten zusammen, die auch in's deutsche Colleg eintraten. Ein Münchner Pferdehändler, Raffler mit Namen, fuhr damals mit mehreren neugebauten Wagen nach Rom, um sie dort nebst den Pferden zu verkaufen. Dies war ihre Reisegelegenheit, mit der sie am 30. April München verließen. Die Reise führte durch's Achenthal u. s. w. nach Innsbruck, über den Brenner nach Südtyrol, über Verona, Mantua, Modena, Bologna, Florenz, Siena, Montefiascone und Viterbo. Die reizenden Gegenden, die Städte und die herrlichen Kirchen Italiens übten auf sein Gemüth einen mächtigen Eindruck aus, den er seinen Aeltern in einfacher edler Sprache schilderte. Am 23. Tage seiner Reise, am 22. Mai 1827, Nachmittags 3 Uhr, hatte er zum ersten Mal Rom im Angesichte, „die hl. Stadt, das Jerusalem des N. B., in dem der Statthalter Christi auf dem Felsen thront, den die Pforten der Hölle nicht überwältigen werden." Vor Freude stimmte er das Te Deum an. Abends 5 Uhr schritt er über die Schwelle des Collegs. P. Augustin Delacroix, ein Flamländer, damals Beichtvater, später Rector im deutschen Colleg, empfing ihn auf das Freundlichste. Den Eindruck, welchen das Colleg auf ihn machte, beschreibt er selbst in einem Briefe vom

24. Mai: „Der Eintritt in dieses heilige Haus erfüllte mich mit heiligem Schauer; mir war so wohl in der tiefen Stille, in welcher der Geist des Gebetes, der Gottseligkeit, des Strebens nach wahrer, ewiger Weisheit und des Friedens Jesu Christi wohnt. Mir war, als sei ich aus hoher See im stillen Hafen angelangt, und als ich mein liebes Zimmer betreten hatte und nun auch meine Reisegefährten in den ihrigen besuchte, war meine Freude so hoch gestiegen, daß ich in ihrem Uebermaße einen derselben umarmte. Die zwei Tage, die ich nun bereits im Collegium verlebt habe, waren mir heilige Augenblicke, und die Jahre, die ich nun noch hier zu verleben habe, werden gewiß unter die schönsten meines Lebens gehören. Unsere Vorsteher sind uns wahre Väter und meine Mitalumnen voll Zufriedenheit, alle Herzen voll des Dankes zu Gott, der in diesem Hause seine Gaben so reichlich spendet; und der Geist der Eintracht und Liebe Gottes, der Alle beseelt, muß uns zufrieden und glücklich machen. So steht die Zukunft heiter vor mir als die Bringerin einiger glücklichen Jahre, in denen ich fern vom lärmenden Weltgetümmel in der Ruhe stiller Einsamkeit, die ich von jeher aus ganzer Seele liebte, allen zeitlichen Sorgen überhoben, nur der Uebung frommer Andacht lebe und dem Studium heiliger Wissenschaften. Gott verleihe mir Gnade dazu, daß ich diese Jahre, die für mich und so viele andere Seelen, welche der Herr mir einst anvertrauen wird, so äußerst wichtig sind, gewissenhaft benütze, damit ich einst denen nicht zum Falle gereiche, zu deren Auferstehung Gott mich setzen wollte."

Aus diesen Worten und ähnlichen die in den wenigen noch vorhandenen Briefen von ihm vorkommen, ist es ersichtlich, wie ernst es ihm um seinen heiligen Beruf war, aber auch, wie lieb er das Colleg gewonnen hatte. Diese Liebe und Anhänglichkeit an das deutsche Colleg bewahrte er sein ganzes Leben lang; und darum war es ihm später, so oft er wieder nach Rom kam, eine heilige Freude, im Colleg zu weilen; mit einer gewissen Andacht suchte er dann die alten Räume wieder auf, in denen er die glücklichsten Jahre seines Lebens verbracht hatte. Am 24. Mai Abends begann er die für die neu eintretenden Alumnen üblichen Exercitien, bei deren Schlusse er in der Crypta des hl. Petrus die hl. Communion empfing; es war der 29. Mai; an demselben Tage besah er dann die St. Peterskirche, und wurde noch dem damals 91jährigen Cardinal Häfelin vorgestellt. Sein Studium erstreckte sich nun zuerst auf Philosophie, aus welcher er vor dem Eintritt in die Theologie eine Prüfung zu bestehen hatte. Hier wurde nun oft der hl. Thomas von Aquin als Auctorität vorgeführt, den er bis dahin in Deutschland kaum dem Namen nach kannte. Er stutzte, und ging mit einem gewissen Vorurtheil an das Studium desselben; aber je tiefer er in dessen Studium eindrang, desto lieber gewann er ihn und seine Tiefe der Gedanken, sowie die Einfachheit und Klarheit der Darstellung. Dieses Studium unter Leitung von Perrone, van Eberbroeck, dem damals aus den americanischen Missionen zurückgekehrten Elsäßer P. Kohlmann und Andern war von entscheidender Wirkung auf seine wissenschaftliche Richtung. Eine kindliche Ergebenheit an die Auctorität der Kirche, eine wahre Devotion an den hl. Stuhl und dessen Entscheidungen, zu der bereits seine Mutter in dem zarten Knaben den Grund gelegt hatte, begleiteten ihn durch sein ganzes Leben. Bei seinem klaren Geiste waren denn auch seine Fortschritte in der Theologie so ausgezeichnet, daß er der Liebling seiner Professoren und Vorgesetzten wurde, und man beabsichtigte, ihn nach vollendetem theologischen Cursus noch ein weiteres Jahr in Rom zurückzuhalten, damit er die Stelle eines Repetitors der Theologie versehe und am Schlusse noch eine öffentliche feierliche Disputation aus dem ganzen Gebiet der Theologie abhalte. Allein seine durch einen Blatternanfall und mehrmaliges Unwohlsein geschwächte Gesundheit gab dies nicht zu; es war zu fürchten, daß ein weiteres Jahr bei den vielen geistigen Anstrengungen seine Gesundheit ganz untergrabe, ja sein Leben gefährde; darum rief ihn der Bischof Friedrich zurück. So bestand er denn zum Schlusse des Schuljahres 1829/30 das Rigorosum, und nach Einlieferung einer Dissertation, erhielt er am 29. Juli 1830 in der Aula des römischen Collegs den Doctorgrad: aber auch hier wurde ihm eine besondere Auszeichnung zu Theil. Die feierliche Promotion geschieht in diesem Colleg gewöhnlich gemeinsam für alle Promovenden am Schlusse des Jahres. Allein bei ihm machte man eine Ausnahme. Am genannten Tage versammelten sich das ganze Professorencollegium und die Studirenden in der Aula und da, in Gegenwart des Generals

P. Rothaan hielt Stahl eine öffentliche Vorlesung mit Disputation, zu deren Gegenstand er den Primat des hl. Petrus gewählt hatte. Dann ging die feierliche Ceremonie der Promotion vor sich, nach deren Beendigung er zwischen P. Rothaan und dem Rector P. Dassi sich zum Grabe des hl. Aloysius begab, das Te Deum zu beten. So wollten seine Vorgesetzten sein Talent, seinen Eifer, sein Wissen, seine Tugend ehren. Aber so einfach und anspruchslos war er dabei, daß er gar nicht merkte, daß dieses eine Auszeichnung sei, und er erst später von Andern dieses erfahren mußte.

Neben der Entwicklung im Gebiete der Wissenschaft lag ihm nicht minder auch die Veredlung seines Herzens, die Uebung der Frömmigkeit, die Heranbildung zu einem würdigen Priester am Herzen. Darum betete er selbst unabläſſig, und faſt in jedem Briefe forderte er seine Aeltern zu diesem Gebete auf. Ungemeinen Einfluß übte auf ihn sein Beichtvater della Pegna, den er mit dem Grafen von Reisach nur den Vater seiner Seele nannte, und, wie er oft gestand, nach Vater und Mutter am meisten liebte. Diesem zur Seite stand P. Gravier, ein junger, feuriger Franzose, dessen von der Gnade und Glaubensinnigkeit getragenen Worte das edle Herz Stahl's entzündeten. Dessen Worte wußte Stahl oft noch in späten Jahren wiederzugeben, und hat er dieselben in seinem Handeln das ganze Leben lang zur Richtschnur genommen. Um nur Einiges anzuführen, so standen ihm beständig jene Worte Gravier's vor Augen, daß der Priester namentlich als Beichtvater nicht der eigentliche Seelenführer sei, da dies nur der hl. Geist ist, sondern nur pedissequus Spiritus sancti, daß also der Priester nur zu forschen habe, wohin der Zug der Gnade sich wendet. Namentlich richtete Gravier die Augen der Zöglinge auf das übernatürliche Gnadenmoment im Leben des Christen, daß in demselben nicht blos in religiöser Beziehung, sondern auch im bürgerlichen, häuslichen und amtlichen Wirken Alles von der Gnade getragen werden muß, und außerdem keinen Segen und wahren Erfolg haben kann. Dazu trat die Ueberzeugung, daß wenn die Pflicht zu Handeln an den Christen herantritt, dann, aber auch nur dann, die nöthige Gnade vorhanden ist. Diese Maximen sehen wir bei Stahl in seinem späteren amtlichen Wirken besonders hervorleuchten. Nie handelte er oder entschied er sich vor der Zeit; wenn man ihn zu einem Schritte drängen wollte, so war seine Antwort: „Es ist noch nicht an der Zeit, darum habe ich auch die Gnade noch nicht, das Rechte zu treffen." Manches Zaudern in seinem Leben wurde ihm als Langsamkeit, Aengstlichkeit, Unentschiedenheit oder Schwachheit gedeutet: möge man aus obigen Maximen den Schlüssel zur richtigen Beurtheilung hernehmen. Ein unvergeßlicher Tag war ihm der 31. März 1829, der Erwählungstag Pius VIII. Gravier versammelte die Alumnen in der Kapelle, hielt ihnen eine feurige Ansprache über den Primat und eröffnete ihnen zum Schlusse das Resultat der Wahl, daß der Cardinal Großpönitentiar Franz X. Castiglioni erwählt sei. Vor dem Allerheiligsten legten sie dort ihre Huldigung gegen den neuen Statthalter Christi nieder.

Wie sehr er die Einsamkeit und Stille des Collegs liebte, haben wir bereits aus seinen eigenen Worten erfahren; alljährlich machte er die geistlichen Exercitien acht Tage lang mit, die ihm Tage der Freude und des Trostes waren und zur Geisteserneuerung dienten, im letzten Jahre mußte er sie einmal selbst seinen Mitalumnen geben. Endlich nahte der Tag, den er lang herbeigesehnt, auf den er so würdig sich vorbereitet hatte, der Tag der hl. Priesterweihe, die er am 10. April 1830 am Charsamstage in der Kirche des hl. Johannes zum Lateran durch den Cardinal-Generalvicar Zurla, aus dem Camaldulenserorden empfing. „Erheben Sie, so schrieb er vorher, am 8. März seinen Aeltern, mit allen meinen Geschwistern in diesen Tagen, besonders aber in der hl. Charwoche die Hände mit mir zum Himmel, empfehlen Sie mich dem Gebete aller Freunde und Verwandten und gedenken Sie meiner besonders bei Verrichtung der hl. österlichen Andacht und anderer guten Werke, auf daß Gottes Geist mit der Fülle seiner Kraft aus der Höhe in der hl. Weihe über mich kommen und mich mit solchem Priestergeiste erfüllen möge, der da Nichts auf Erden sucht, als Gott und seine Ehre allein. Was vermag eine Familie nicht, wenn sie in so heiliger Absicht zum Gebete aus Einem Herzen sich vereinigt? Und von Ihrem Segen, theuerste Aeltern! lehret mich unsre heilige Religion alles Gute von Gott erwarten. Der älterliche Segen dringt durch die Wolken, und eben dieser Segen war es, durch den die Erzväter Abraham, Isaac und Jacob die Verheißung der Abstammung des Weltheilandes auf ihre Nachkommen übertrugen

— jenes Weltheilandes, der auch bald auf mein Wort vom Himmel auf den Altar herabsteigen, und sich aus Liebe zu uns in Brods- und Weingestalt verhüllen will. Mir treten vor Trost die Thränen in die Augen, indem ich Ihnen dieses schreibe, und denke gerührt an Gottes Liebe, der mein bisheriges Leben so sichtbar und wunderbar geleitet hat, um mich so fern vom väterlichen Hause in der Hauptstadt der Christenheit über den Gräbern so vieler Heiligen und Martyrer zum hochheiligen Priesterthum zu führen."

Am Ostersonntage früh $^1/_2$7 Uhr las er in größter Andacht und Sammlung die erste hl. Messe (Stillmesse) am Grabe des hl. Ignatius von Loyola. Von da an besuchte er die verschiedenen Heiligthümer, Kirchen, Gräber der Heiligen in Rom, dort das hl. Opfern zu feiern: eine große Freude machte es ihm, da im hl. Opfer seinen Aeltern zu vergelten, was sie ihm Gutes ge= than, sowie auch der übrigen Wohlthäter, namentlich des Sub= regens Benkert gedenken zu können. Aber nun rückte auch mit Eile der Tag heran, an dem er von Rom scheiden mußte. Es war für ihn ein schwerer Abschied, von dem lieben Colleg, das er in seinem Briefe vom 1. August 1830 sein irdisches Paradies nennt. Allein der Ruf Gottes tröstete ihn. Am 4. August, es war Mittwoch, führte ihn ein Landkutscher (Vetturino) aus der heiligen Stadt hinweg, nach der er noch oft zurückblickte, sich fragend, ob ihm noch je einmal die Freude zu Theil werde, da= hin zurückzukehren. Der Heimweg war für ihn zugleich eine Wallfahrt. Er besuchte die Heiligthümer zu Foligno, Tolentino, Loretto, Venedig, Padua, Mailand und Maria Einsiedeln, wo er jedes Mal die hl. Messe las. Auf der Barke, die ihn am 11. August von Sinigaglia nach Venedig brachte, erfuhr er die Julirevolution von Paris. In Basel trennte er sich von seinem letzten Reise= gefährten. Die Dankbarkeit führte ihn nach Deidesheim, wo sein erster Lehrer im Lateinischen, Schnetter, Pfarrer war. In Frankfurt besuchte er den geistlichen Rath Marx, einen alten Zögling des deutschen Collegs. Stahl war nach der Wiederher= stellung des genannten Colleges einer der ersten Alumnen, die in ihre deutsche Heimath zurückkehrten, und suchte daher, da er jedenfalls von mancher Seite Argwohn und noch Schlimmeres erwarten durfte, bei diesem erfahrenen Manne Rath und erhielt ihn mit dem Worte: „Sequere sensum bonorum", den ihm

auch bereits im deutschen Colleg sein Professor P. van Everbroeck
gegeben. Am 2. September sah er sein geliebtes Stadtprozelten,
seine Aeltern und Geschwister wieder. Herzlich und freudig war
das Wiedersehen; traf er sie ja alle wieder, ohne Jemand zu
vermissen. Als er am andern Tage in die Sacristei trat, stand
sein ehemaliger Lehrer Steigerwald bereit, ihn zur hl. Messe
anzukleiden, und ließ sich diese Freude trotz alles Sträubens
und Weigerns von Seite Stahl's nicht nehmen.

3. Die Seelsorge und der Lehrstuhl.

Am 4. September eilte Stahl nach Würzburg, um sich
seinem Oberhirten vorzustellen, von dem er sehr gütig und gnädig
aufgenommen wurde. Ebenso freundlich und herzlich empfing
ihn sein Gönner Dr. Benkert. Am 7. September erhielt er
die Cura, die ihm später nach einmaliger Verlängerung von
seinem Bischofe usque ad revocationem verliehen wurde.
Durch Decret vom 5. November wurde er als Caplan in der
Pfarrei ad S. Agatham zu Aschaffenburg angewiesen, welche
Stelle er auch sogleich antrat. Der Pfarrer Dr. Anderlohr,
sein ehemaliger Professor, ein ernster ehrwürdiger Priester em=
pfing ihn freundlich. Stahl hatte außer dem Gottesdienste in
der Pfarrkirche noch die Seelsorge in Glattbach, das eine Stunde
von Aschaffenburg liegt. Mit Liebe gab er sich seinem Berufe
nun hin. Vor Allem legte er sich eine Tagesordnung an, welche
bei dem ordnungsliebenden Anderlohr zu beachten nicht schwer
war. An diese Ordnung hielt er sich nach Möglichkeit. Uner=
müdlich sehen wir ihn auf der Kanzel und im Beichtstuhle, be=
sondere Liebe wandte er den Kranken und den lieben Kindern
zu. Jene besuchte er unablässig, nie entfernte er sich, ohne daß
seine tröstenden Worte Eingang in den Herzen gefunden; ge=
trieben vom Durste nach dem Heile der Seelen, suchte er sie
auf alle Weise dem göttlichen Heilande zuzuführen. Ein be=
sonderes Augenmerk richtete er auf die Kinder, die Lieblinge des
göttlichen Kinderfreundes. Fleißig besuchte er die Schule in
Glattbach, unterstützte eifrig den Lehrer im Unterrichten und Er=
ziehen der Kinder. Jeder der ihn katechisiren hörte, weiß, mit
welcher Innigkeit und Klarheit er die erhabensten Wahrheiten
vortrug, und die Herzen dafür gewann. An seinem Mitcaplan

Hohnecker hatte er einen liebevollen Freund, der namentlich durch sein heiteres offenes Wesen und durch bereitwillige Aushilfe ihm Vieles erleichterte. Besonderen Fleiß verwendete Stahl auf eine würdige Behandlung des göttlichen Wortes, indem er es nie unterließ, durch Gebet, Studium und schriftliches Ausarbeiten auf die Predigt sich vorzubereiten. Das Brevier betete er mit größter Andacht, fast in betrachtender Weise, daher er auch mehr Zeit, als gewöhnlich erforderlich ist, darauf verwendete: nie unterließ er es zu beten, außer in gefährlichen Krankheiten auf Befehl seines Beichtvaters. Im Breviergebete fand er aber auch Stärkung, Trost und Labung. Sein ganzes Leben lang betete er täglich den Rosenkranz. Das hl. Opfer verrichtete er mit größter Sammlung und Andacht. Dabei war er stets heiter und leutselig, wie er überhaupt Heiterkeit bei Allen liebte. Nichts sah er lieber, als heitere unschuldige Kinder, und noch später, wo er als Bischof zur Jugend sprach, empfahl er ihr vier Worte, die mit F anfangen, fromm, folgsam, fleißig und fröhlich: sein Grundsatz war: „Mögen die trauern, die da Sünde thun."

Diese seine persönlichen Eigenschaften und sein Eifer machten auch sein Wirken zu einem sehr segensreichen, das heute noch bei den ihm ehemals anvertrauten Schäflein in gutem Andenken steht. Unbeschreiblich war daher auch die Freude, als er später als Bischof einmal nach Glattbach kam. Sein Wirken war von solchem Erfolge, daß gerade damals einige Conversionen durch ihn bewerkstelligt wurden, darunter die der Frau von Eichthal und des Domcapitulars Weikum in Freiburg. Der damalige Student Weikum, dessen Aeltern in oder bei Wertheim waren, gewann Zutrauen zu dem Caplan Stahl, ersuchte ihn um Belehrung und Unterricht, begleitete ihn öfters auf den Filialgängen, und auf einem solchem war es, wo Weikum sich äußerte, jetzt sei ihm Alles klar; aber was solle er machen, wenn seine protestantischen Aeltern nicht einwilligten, ja ihn verstießen? Sanft aber ernst erinnerte ihn Stahl an jene Worte des Heilandes: „Wer Vater und Mutter mehr liebt als mich, ist meiner nicht werth". Da blieb Weikum stehen, auf seinem Gesichte drückte sich der Seelenkampf aus, den er kämpfte, dann äußerte er seinen entschiedenen Entschluß, dem er auch unwandelbar treu blieb. Alsbald legte er das katholische Glaubensbekenntniß ab, erhielt aber zugleich auch den Scheidebrief von seinen Aeltern, die ihn verstießen. Stahl hatte nun die Sorge für den hilflosen Weikum, den er nach seinen schwachen Mitteln theils selbst, theils durch seine Fürsprache bei Wohlthätern unterstützte. Inzwischen bestand er aber darauf, daß Weikum das vierte Gebot nicht außer Acht lasse, und so seinen Aeltern zu den üblichen Gelegenheiten, als Neujahr, Namens- und Geburtsfeste u. s. w. Briefe schreibe, und wirklich gelang es der kindlichen Liebe, das Eis zu schmelzen, so daß Weikum wieder von seinen Aeltern aufgenommen wurde und sogar Nachahmung in seiner Familie fand. Weikum blieb seinem Lehrer Stahl immer dankbar und noch bei dessen 25jährigem Bischofsjubiläum lieh er diesem Gefühle Ausdruck durch Widmung seines Buches über das hl. Meßopfer.

Wie keinem Menschen, so fehlte es auch dem Caplan Stahl nicht an Leiden und Widerwärtigkeiten. Bei seiner schwächlichen Constitution war die Seelsorge für ihn sehr anstrengend, und zog er sich wirklich dabei eine sehr heftige Lungenentzündung zu, die zweite in seinem Leben, der er beinahe erlag. Doch härter waren andere Sachen. Als er zu Aschaffenburg angestellt worden war, wurde schon in einer Mannheimer Zeitung verkündet, daß ein Jesuit in Aschaffenburg eingezogen sei; und als Jesuitenzögling wurde er, namentlich von der Regierung lange Zeit mit Argwohn beobachtet. Bischof Friedrich von Groß beabsichtigte, ihn als Subregens in's Clericalseminar zu thun, aber **dreimal** wurde die Genehmigung verweigert; jedesmal betete Stahl als Antwort auf diese Verweigerung das Te Deum. Im Jahre 1833 befahl ihm der Bischof um die Erlaubniß nachzusuchen, den Pfarrconcurs zu machen; hiezu bedurfte er einer Dispens wegen Mangel an Dienstjahren; die Antwort von der kgl. Regierung war abschläglich. Aber bald änderte sich die Situation. Ein Ministerialbeamter kam bald darauf nach Aschaffenburg und lernte bei einer längeren Unterredung mit Stahl dessen Vorzüglichkeit kennen, und alsbald erfolgte seine Ernennung zum Religionslehrer am Gymnasium zu Aschaffenburg, wozu nicht lange nachher die Uebertragung der gleichen Stelle an der Gewerbschule kam, jedoch ohne eine Erhöhung der Remuneration. Auch in dieser neuen Stellung wußte er das Herz seiner Schüler zu gewinnen, die er mit seinem sanften Ernste mehr in Gewalt hatte, als es durch die strengste Disciplin möglich war. Für

Alle interessirte er sich, Allen war er ein Freund und Vater. Dabei kam ihm sein ausgezeichnetes Personalgedächtniß vorzüglich zu Statten. Die zahlreichen Schüler, die er während jener kurzen Wirkungszeit — es war nur ein halbes Jahr — hatte, haben sich seiner immer mit Liebe erinnert und ihre Dankbarkeit in verschiedenster Weise an den Tag gelegt.

Im Jahre 1834 war der ordentliche Professor der Dogmatik an der Universität zu Würzburg Dr. Bickel lange Zeit krank, so daß er sich auch nicht mehr erholte. Das machte die Errichtung einer fünften Professur der Theologie nothwendig, die König Ludwig durch Decret d. d. Rom den 11. October 1824 dem Religionslehrer Stahl übertrug, bei einem Geldgehalte von 550 fl. und einem Naturalnebenbezug von einem Schäffel Waizen und drei Schäffel Roggen. Mit 1. Novbr. trat er die Professur an und hatte jetzt jenen Pfarrconcurs zu censuriren, zu dem er nicht zugelassen worden war. Nun war er an dem Ziele angelangt, nachdem er sich hier auf Erden einzig gesehnt. Einen entschiedenen Beruf zum Lehrstuhle in sich fühlend, mit einer eminenten Lehrgabe ausgerüstet begann er nun seine Collegien. Durch seine Klarheit in Behandlung auch der schwierigsten Parthien aus der Dogmatik, durch seine Liebe zu den Zuhörern und das Interesse, das er für sie bezeigte, gewann er sich bald ihre Zuneigung und Liebe. Mit größter Gewissenhaftigkeit bereitete er sich auf die Vorlesungen vor. Sein ruhiger, ernster Vortrag fesselte die Aufmerksamkeit seiner Schüler; hiebei kam ihm seine schwache, aber klare Stimme sehr zu Statten. Eine besondere Gabe besaß er dafür, die Begriffe deutlich auseinanderzusetzen durch klare Definitionen, die Lehrsätze streng zu formuliren, ihren Sinn festzustellen, die dogmatische Censuren anzuwenden, und streng schließende Beweise anzuführen. Namentlich aber verstand er es, die Dogmen des Glaubens, soweit dies überhaupt möglich, faßlich und ihrem Inhalte nach darzustellen, ein Verständniß anzubahnen und den inneren systematischen Zusammenhang, den Organismus der Dogmen darzulegen. Die von Liebe zum kirchlichen Lehramte getragenen, von Glaubenswärme und heiliger Begeisterung für die Wahrheit durchwehten Vorträge gewannen die Herzen seiner Zuhörer für die heilige Wissenschaft, für die Schönheit der Religion, und es waren so seine Vorlesungen für dieselben oft wahre Stunden der Andacht.

Nichts fürchtete und mied er so sehr, als jeden Schein von Unkirchlichkeit. Es mag ihm dieses manchmal für Beschränktheit, Furchtsamkeit ausgelegt worden sein — allein wer an den übernatürlichen Character der Kirche, an deren Leitung durch den hl. Geist, an ihre Aufgabe und ihre Gaben glaubt, der wird eine Achtung vor der kirchlichen Auctorität haben. Diesen kirchlichen Sinn suchte er auch in seinen Schülern zu erwecken. Seine Vorlesungen über Dogmatik wurden noch lange von den Studirenden der Theologie copirt und studirt. Stahl beabsichtigte sie nach und nach zu bearbeiten und dem Drucke zu übergeben; allein seine baldige Ernennung zum Bischof hinderte ihn an der Ausführung dieses Vorhabens. Im Jahre 1836 wurde sein Gehalt um 200 fl. erhöht. Seine Lehrgabe und seine Leistungen wurden bald auch weiterhin bekannt, so daß er im Mai 1838 einen Ruf nach Gießen erhielt. Domcapitular Schnetter von Mainz, sein ehemaliger Lehrer, und Professor Löhnis begaben sich persönlich im Namen des Domcapitels von Mainz, der Universität und der Regierung von Darmstadt, zu Stahl, um ihm diesen Ruf mit einem Gehalt von 1400 fl. anzutragen. Schnetter gestand später, daß das Domcapitel dieses in der Absicht gethan habe, um ihn später zum Bischof zu erwählen. Stahl machte die Annahme von der Genehmigung seines Bischofes abhängig, welche dieser aber verweigerte „wegen seiner Unentbehrlichkeit", da er im Sinne hatte ihn zum Subregens des Clerical-Seminars zu machen. Stahl machte von der Sache keinen weiteren Gebrauch, bis Rector Kiliani von anderer Seite davon Kenntniß erhielt, und dann im Namen des Senates eine Gehaltserhöhung für Stahl beantragte, der „zu den ausgezeichneten Lehrern der Universität gehöre" und die Annahme des Rufes nach Gießen „nur aus Pietät gegen seinen Bischof" abgelehnt habe. Stahl verwahrte sich gegen eine jede Erhöhung und Aufbesserung auf Kosten des Professors Bickel, der damals sehr krank darniederlag. Am 16. Juni 1838 wurde er zum Subregens des Seminars ernannt. Neben der Dogmatik übernahm Stahl noch die neutestamentliche Exegese. Durch Decret d. d. Brückenau den 13. August 1838 ernannte ihn König Ludwig I. zum ordentlichen Professor der Dogmatik mit einem Gehalt von 1100 fl. Seine Zuhörer überreichten ihm zum Danke für sein Verbleiben in Würzburg einen Kelch mit der Inschrift: Veritas parit amorem. Stahl übernahm nun auch das Colleg für Religionsphilosophie, in welchem er ungemein Anklang fand, und eine bedeutende Zahl von Zuhörern erhielt, so daß ihn die philosophische Facultät zum Dr. der Philosophie ernannte. Um jene Zeit theilte ihm Graf von Rechberg, der ihm besonders gewogen war, mit, daß man beabsichtige, ihm das damals erledigte achte Canonicat an der Domkirche zu übertragen. Stahl bat, man möge dieses nicht thun, weil dadurch sein Vorgesetzter, Regens und Professor Dr. Helm übergangen werde, und jedenfalls dies schmerzlich empfinden müsse: so wurde Helm Domcapitular und Stahl Regens am 1. April 1839. Bereits am 6. Mai 1839 ernannte auch ihn König Ludwig von Rom aus zum Domcapitular. Stahl verließ im Herbst das Seminar, da seine Kräfte eine solche Geschäftshäufung nicht gestatteten, blieb aber Professor und wurde für das Studienjahr 1839/40 zum Rector der Universität gewählt.

Mit den Collegen an der Universität verkehrte er in freundlichster Weise, besonders eng schloß er sich an seinen spätern Nachfolger, den Professor der Exegese Dr. Valentin Reißmann, und es zeigte eben seine Wahl zum Rector, welches Ansehen er bei Allen genoß. Es war sein einfaches, offenes, anspruchsloses Wesen, das ihm Zuneigung und Achtung erwarb, sowie seine wahrhaft ausgezeichnete Lehrgabe. Während seines Lehramtes unterließ er es nicht, auch für das Seelenheil Anderer zu wirken, indem er sowohl im Beichtstuhle thätig war, als auf der Kanzel, und in letzterer Beziehung namentlich einige Zeitlang die Sodalitätspredigten in der Bürgerspital-Kirche hielt.

Im Laufe des Jahres 1839 berief ihn einmal Bischof von Groß zu sich, erklärte ihm, daß er seine Kräfte schwinden fühle und darum eine jüngere Kraft suche, die ihm zur Seite stehe als Weihbischof. Stahl machte ihn auf Benkert aufmerksam, der das allgemeine Vertrauen genieße. Der Bischof, der zuerst an den Domcapitular Stahl gedacht zu haben scheint, ging auf den gegebenen Rath ein und suchte die Sache in München zu betreiben, allein dort zog man die Angelegenheit in die Länge, so daß Bischof von Groß Nichts erreichte.

Stahl verlor im Jahre 1839 seinen Vater, dem er mit größter Liebe im letzten Kampfe beistand, und dann die Augen zudrückte: unvergeßlich war ihm sein Leben lang der letzte Blick seines Vaters, ein Blick des Dankes, der ihm mehr sagte, als viele Worte. Am 21. März 1840 starb Bischof von Groß nach einer langen, segensreichen Dauer seiner bischöflichen Amtsführung, und es handelte sich nun um die Ernennung seines Nachfolgers. König Ludwig war schon entschieden: bereits am 13. April 1840, dem 23. Jahrestage seiner ersten hl. Communion, wurde der jüngste Domcapitular Stahl, damals kaum 35 Jahre alt, zum Bischof von Würzburg ernannt.

4. Das bischöfliche Amt.

Seinen Huldigungseid legte er in die Hände seines Landesherrn nieder auf der Burg zu Nürnberg, wohin dieser ihn berief, um ihm die Reise nach München zu ersparen.

Es war für ihn eine schwere Sache, diese Würde und Bürde zu übernehmen, und nur der Gedanke, daß Gott es so wolle, konnte ihn bestimmen, sie anzunehmen. Am 13. Juli desselben Jahres wurde er von Papst Gregor XVI. präconisirt. Am 4. October, dem Feste des hl. Rosenkranzes und des seraphischen Franciskus wurde er vom Erzbischof Frauenberg unter Assistenz der damaligen Bischöfe Gr. von Reisach von Eichstädt, und Geissel von Speyer in der Cathedrale consecrirt. Mit größter Sammlung und Andacht empfing er die hl. Bischofsweihe, und als am Ende das Te Deum aus vielen Kehlen die Räume des Domes freudig durchwogte, stand er demüthig da und betete den Psalm Miserere Beim Antritte seines Hirtenamtes machte er's sich zum Grundsatze mit größter Pietät in die Fußtapfen seines Vorgängers, Bischofs Friedrich von Groß, einzutreten, dessen Einrichtungen beizubehalten, da er denselben nicht blos als einen frommen, priesterlichen Character, sondern auch als einen durchaus practischen, erfahrenen Mann achtete. Dies zeigte er öfters, wo über gewisse locale Einrichtungen, z. B. über das Chorgebet im Dome und ähnliche Dinge vom päpstlichen Stuhle Aufschlüsse gewünscht wurden. Auch ernannte er den früheren Generalvicar zu dem seinigen, ja er ging soweit, dem späteren Domcapitular Dr. Müller, der bei dem Vorgänger die Stelle eines Secretärs versah, den vom Staate ausgeworfenen Functionsbezug von 200 fl. bis zu dessen Tod zu belassen, während er selbst seinen Secretär ganz aus eigenen Mitteln besoldete.

Das Härteste für ihn war, daß er, der jüngste unter den Capitularen, Bischof geworden: alle waren älter, Benkert war sein Regens gewesen u. s. w. und nun sollte er ihr Bischof sein. Dies Verhältniß suchte er mit größter Klugheit und Liebe ihnen unfühlbar zu machen, ohne seiner Stellung etwas zu vergeben; und dies gelang ihm auch bei der christlichen Gesinnung, die ihn bei allen Handlungen beseelte, und bei dem angebornen feinen Takte, mit welchem er sich auch in den schwierigsten Lagen zurecht fand. Er fand den Stand der Diöcese gut geordnet durch die erfahrene Leitung seines Vorgängers, welcher als der erste Bischof nach der Einrichtung durch das Concordat, während einer 21jährigen Regierung mit vieler Klugheit, nach Möglichkeit Alles den kirchlichen Vorschriften entsprechend ordnete, so daß die Diöcese zu den bestgeordneten gehörte.

Der neue Bischof Georg Anton, durchdrungen von der Ueberzeugung, daß alles Gute von Oben kommt, und keine Handlung Nutzen für die hl. Kirche bringen kann, die von der Gnade nicht begleitet ist, begann daher jede Handlung in der Leitung der Diöcese mit Gebet, und besonders trug er alle wichtigen Anliegen beim hl. Opfer dem Allerhöchsten vor; damit verband er den größtmöglichen Fleiß und menschliche Sorgfalt. Oft war er Stunden, ja Tage lang beschäftigt mit Besetzung einer Stelle, sich die Fragen vorlegend: „Was darf ich thun? was muß ich thun?" Die meisten Amtshandlungen dieser Art nahm er auch gewöhnlich nach der hl. Messe vor. Hatte er einmal Licht und Klarheit erlangt, so ging er dann mit größter Ruhe und Sicherheit vor. Beinahe nie faßte er einen raschen Entschluß, außer wenn die Umstände drängten; sonst ließ er sich nie von Jemanden drängen. Trotz seiner körperlichen Schwächlichkeit war er seinem Amte unermüdlich. So lange diese es erlaubte — und es war dies bis in seine letzten Lebensjahre der Fall — war er regelmäßig in den Sitzungen des Ordinariats, um den Rath, besonders der älteren geistlichen Räthe, anzuhören.

Im Jahre 1841 unternahm er durch die ganze Diöcese eine Firmungs= und Visitationsreise, auf welcher er allerseits vom gläubigen Volke mit Begeisterung und Ehrfurcht empfangen wurde. Von da an besuchte er jedes Jahr abwechselnd eine der beiden Hälften des Bisthums und so lange seine körperlichen Kräften es zuließen, benützte er die Reisen, um in Predigt und

Christenlehre den Gemeinden die ewige Wahrheiten einzuprägen und die Liebe zum göttlichen Worte Allen, besonders der Jugend einzupflanzen. Zugleich lernte er bei dieser Gelegenheit die Topographie der Diöcese, der Pfarreien kennen, so daß er bei Besetzung von Stellen auch Rücksicht nehmen konnte auf die körperlichen Kräfte der Priester, die er bei der Auswahl in's Auge faßte. Auch that es ihm wohl, in Mitten seiner Priester zu weilen, die sich auch, ohne ihre Stellung zu vergessen, mit Zutrauen wie Söhne um ihn schaarten. Durch sein taktvolles, freundliches Benehmen trug er viel dazu bei, das freundschaftliche Verhältniß zwischen Geistlichen und Beamten und Lehrern zu befestigen und dadurch auch das Ansehen der Letzteren beim Volke zu heben. Diese Regelmäßigkeit der Visitationen wurde nur dreimal unterbrochen, nämlich im Jahre 1852, als er an einer Lungenentzündung lebensgefährlich erkrankt war, dann im Kriegsjahre 1866, welches einen großen Theil des Bisthums zum Kriegsschauplatze machte und die Cholera in's Land brachte und im Jahre 1867, wo er von der Reise nach Rom zum Centennarium der heiligen Apostelfürsten Petrus und Paulus erschöpft zurückkehrte. Einige Jahre bereiste er auch wiederholt einen großen Theil der Erzdiöcese Freiburg, um an der Stelle des greisen Hermann von Vicari die hl. Firmung zu spenden.

Ein Hauptaugenmerk richtete Georg Anton auf die Bildung und Erziehung des Clerus und auf Bewahrung und Entfaltung des clericalen Geistes. So war denn, wie bei seinem Vorgänger, so auch bei ihm das Clericalseminar der Gegenstand besonderer Sorgfalt und Liebe. Durch Besprechung mit den einzelnen Alumnen suchte er jeden persönlich, sowie seine Verhältnisse kennen zu lernen: alle betrachtete er als seine geistigen Söhne; gern und oft weilte er in ihrer Mitte, ermunterte sie in Ansprachen zum Studium, zu clericalem priesterlichem Leben, ertheilte ihnen ganz oder theilweise die Exercitien, besonders vor den heiligen Weihen. Nicht minder war er für ihre wissenschaftliche Ausbildung bedacht, wohnte den Disputationen und Prüfungen an: dabei war sein Streben besonders auf Reinhaltung der kirchlichen Lehre gerichtet, über welche er sorgsam wachte. Schwer wurde es ihm von Manchen verargt, als er aus diesem Grunde auf die Entfernung eines academischen Lehrers drängte und dieselbe auch durchsetzte; doch Gott weiß es, daß er nur aus Gewissenhaftigkeit diesen Schritt gethan. Dasselbe Streben und die dankbare Erinnerung an das, was ihm das deutsche Colleg war, bewog ihn, junge Theologen in das genannte Colleg nach Rom zu senden, unter diesen die jetzigen Professoren Denzinger, Hettinger und Hergenröther. Als der letztgenannte in München promovirte, schrieb Döllinger an den Bischof von Würzburg, diese Promotion sei epochemachend gewesen. Kein Wunder daher, daß später, als die theologische Facultät in Würzburg aus den Professoren Seb. Reißmann, Denzinger, Hähnlein, Hettinger und Hergenröther bestand, Georg Anton deßhalb von verschiedenen Seiten beglückwünscht wurde. Gerne weilte er in deren Kreise, und so lange seine Gesundheit es erlaubte, verbrachte er fast jede Woche einen Abend in ihrer Mitte, indem er sie zu Tische lud. Ueberhaupt war seine Gastfreundschaft bekannt, durch welche er leicht auch den Vortheil errang, mit den verschiedenen Berufskreisen und Ständen in freundschaftliches Verhältniß zu treten, was eben damals möglich war. Für sich selbst beim Mahle einfach und sparsam, so daß er für sich niemals, auch nicht bei Unwohlsein es gestattete, seltene, ausgesuchte Speisen zu bereiten — war er für seine Gäste nobel und innerhalb der gebotenen Schranken freigebig: „Es gilt die Ehre der Gäste" war sein Ausspruch. Dabei wußte er die Unterhaltung im Fluß zu erhalten und zwar immer mit so richtigem Takte, daß Niemand an seinem Tische am allerwenigsten ein Andersgläubiger, je auch nur ein beleidigendes oder undelicates Wort hören mußte. Nichts machte ihm dann mehr Freude, als wenn er seine Gäste recht fröhlich und heiter sah. Freilich fehlte es nicht an Solchen, welche von seiner Gastfreundschaft gegen Gäste auf sein Privatleben schließen wollten; doch solche Dinge störten ihn nicht, das zu thun, was er für gut erkannt hatte. Ein chronisches Magen- und Unterleibsleiden erlaubte ihm kaum, soviel zu genießen, als zur Erhaltung seiner Kräfte nothwendig war. Doch suchte er dies auf geschickte Art zu verbergen und selbst die heftigsten Schmerzen hinderten ihn nicht, seinen Gästen gegenüber freundlich zu sein.

Für die Heranziehung eines guten Clerus erkannte er als einen wichtigen Factor die Errichtung eines Knabenseminars. Dem ersten und nothwendigsten Bedürfnisse hatte bereits König Ludwig I. abgeholfen, durch Errichtung eines solchen zu Aschaffenburg. Als aber dieses aus ursprünglich rein kirchlichen Mitteln gegründete Institut dem im ersten Paragraphen der Statuten ausgesprochenen Zwecke immermehr entfremdet wurde, dachte Georg Anton daran, ein bischöfliches Knabenseminar zu gründen. Doch daran ging er mit schwerem Herzen. Er wollte seinem Nachfolger keine so schwere Last auferlegen, eine noch nicht hinlänglich gesicherte Anstalt zu übernehmen, welche leicht finanzielle Verlegenheiten hätte bereiten können. Und wie Mittel finden? Da nämlich die Freigebigkeit der Diöcesanen durch so viele kirchliche und weltliche Collecten, durch Unglücksfälle und Hungerjahre sehr viel in Anspruch genommen war, fürchtete er sich, mit diesem neuen Anliegen an dieselben heranzutreten und sie zu ermüden. Lange zauderte er und entschloß sich zuletzt, nach dem Vorbilde der Eichstätter Diöcese vorzugehen. Er erbat sich vom hl. Stuhle die Erlaubniß zur Errichtung des St. Chilianvereines und erlangte die Verleihung reicher Abläße für die Mitglieder. Und so gründete er, vom Domcapitel und namentlich von dessen jüngsten Mitgliedern Lochner und Dr. Huller unterstützt, den genannten Verein in der Diöcese. Seine kühnsten Hoffnungen wurden übertroffen von dem Opfereifer der Gläubigen und ihrer Priester, welcher es ihm nicht blos ermöglichte, auf eine regelmäßig fließende Einnahme rechnen zu dürfen, sondern auch zu den vorhandenen, aus frommen Vermächtnissen stammenden Mitteln einen genügenden augenblicklichen Zuwachs brachte, um ein Haus nebst Garten zu nicht geringem Preise ankaufen und den nöthigen Umbau beginnen zu können. Er sah so den materiellen Bau aus dem Boden wachsen, er sah sich dem Ziele seiner Wünsche nahe, aber er sollte das Werk nicht vollendet sehen: er hinterließ es seinem Nachfolger als ein heiliges Erbe.

Ueberhaupt lag ihm die Bildung der Jugend sehr am Herzen; darum besuchte er bei gegebener Gelegenheit auch die Studienanstalten, nahm öfters selbst Prüfungen aus der Religionslehre vor, und wer wüßte die Zahl der Studenten, denen er Unterstützung reichte? Aber mit der materiellen Unterstützung nahmen sie auch eine heilsame Ermunterung und Belehrung mit sich, die er immer auf eine sinnige, anschauliche Weise zu geben verstand. Ein Beispiel, wie er solches verstand, ist folgendes: Einmal saß er am Klavier, spielte eine angenehme Melodie, einige ihm verwandte Studentchen, die er auf seine Kosten studiren ließ, standen dabei und sangen mit. Auf einmal that er absichtlich einen Mißgriff, so daß die jugendlichen Sänger verblüfft waren. Seht, sprach er, was ein solcher Mißgriff im Gebiete der Musik, das ist die Sünde im sittlichen Gebiete, eine Disharmonie, eine Störung der schönen Harmonie des Menschen mit Gott und der Schöpfung.

Wie er das erziehende, bildende Moment immer im Auge hatte, zeigt die Restauration der Seminariumskirche. Diese Kirche, ohne Baufond, stand da mit ihren kalten Mauern, und ihr Eindruck war entsprechend. Er wünschte nun, daß diese Kirche in würdiger Weise restaurirt werde, damit die Alumnen Freude gewännen und Sinn für ein schönes Gottes=Haus, und diesen Sinn mit hinaus nähmen in ihr Wirken und ihn bethätigten in den ihnen einst anzuvertrauenden Gotteshäusern. Die Scherflein der Gläubigen und die Freigebigkeit des Clerus ermöglichten den Wunsch auszuführen — und der Bischof unterließ es nicht, in einem kurzen Hirtenschreiben seinen wärmsten Dank abzustatten.

Einen besonders tiefen Eindruck auf das Gemüth machte die Spendung der hl. Weihen. Georg Anton war überhaupt im kirchlichen Ornat eine erhabene Erscheinung und alle Pontifical=Functionen nahm er mit ganz besonderer Würde vor. Aber wenn er die hl. Weihen spendete, dann sah man an seiner Haltung, an seiner Stimme und Allem, um wie Heiliges es sich handelte. Mit größter Aufmerksamkeit und Gewissenhaftigkeit achtete er auf jede vorgeschriebene Cäremonie, auf jedes Wort, am meisten auf die wesentlichen Theile. Seine Stimme war feierlich, in den Ermahnungen ernst und liebevoll: und so war Alles angethan, den zu weihenden Alumnen noch einmal die volle Bedeutung der hl. Weihen vor die Augen zu führen, die sie in den Exercitien vorher erwogen hatten.

Um den Clerus in dem guten Geiste zu erhalten, den derselbe von jeher bewahrt hat, führte Georg Anton die jährlichen geistlichen Uebungen für den Clerus ein, und gab dieselben 11 Jahre hindurch in eigener Person. Es war ihm eine Freude, unter seinen Geistlichen zu sein, ihnen seine Gedanken, Gefühle, Wünsche, Rathschläge mittheilen zu können, sie zu ermuntern, zu warnen. Alle, welche unter seiner Leitung diese Uebungen mitgemacht haben, rühmen seine Klarheit, dogmatische Sicherheit, die Innigkeit des Vortrages, die einfache, aber edle Sprache, seine Discretion und Billigkeit in den Anforderungen, die er stellte, die Würde, mit welcher er auch die heikelsten Punkte behandelte. Später, als seine Kräfte abnahmen, ließ er sie durch Priester aus der Gesellschaft Jesu geben, und es war ihm da immer darum zu thun, einen aus den Tüchtigsten dafür zu gewinnen. Aber auch da leuchtete er mit dem besten Beispiele voran, indem er trotz manchfachen Unwohlseins mit der möglichsten Pünktlichkeit daran Theil nahm Dieses sein Beispiel zog mehr, als strenger Befehl; einen solchen zur Theilnahme ließ er niemals ergehen. Im Jahre 1865 aber konnte er sich's nicht versagen, noch einmal in ihre Mitte zu treten, und diese Uebungen selbst zu leiten. Er hatte, wie er sich ausdrückte, bei seinem 25jährigen Bischofsjubiläum vom Clerus so viel Liebe erfahren, daß er ihm großen Dank schuldete, und diesen wollte er auf die genannte Weise erstatten. Wenn nicht ein Irrthum obwaltet, war Georg Anton der erste, oder wenigstens einer unter den ersten Bischöfen Deutschlands, welche diese heilsamen Uebungen wieder einführten.

Was die Exercitien für den Clerus waren, das sollten die Volks-Missionen für das gläubige Volk sein. Trotzdem über jene, wie über diese manches Mißverständniß sich ergab, gelang es dennoch alle Schwierigkeiten zu überwinden und groß war seine Freude, als nach verschiedenen Unterhandlungen die staatliche Genehmigung zur ersten Volksmission ertheilt wurde, die in den Tagen vom 10. bis 22. Februar 1862 zu Münnerstadt abgehalten wurde. Viel lag ihm daran, daß diese Erstlingsmission gelinge und gut von Statten gehe. Die beiden Väter aus der Gesellschaft Jesu, Roder und Zeil, hielten sie ab: mit fast übermenschlicher Anstrengung wirkten sie in apostolischem Eifer auf Kanzel und im Beichtstuhle. Der Erfolg war ein segensreicher. Georg Anton begab sich zum feierlichen Schlusse nach Münnerstadt, trotz der rauhen Winterszeit. Was er da hörte, was er sah, erfüllte sein Herz mit Trost und Freude — denn das gläubige Volk mit den Segnungen des Glaubens und der Gnade zu beglücken, war das Streben seines Arbeitens und Mühens. Unvergeßlich war ihm der Abschied nach der Mission, wo das Volk mit seinen Priestern in Procession den Bischof und die Missionäre bis vor die Stadt begleitete. Alles weinte und schluchzte und dankte dem Oberhirten für den Segen dieser Mission. Die Missionäre selbst haben sich in den Herzen der Bevölkerung ein Denkmal gesetzt, dauerhafter als Erz: noch lange nannten die Leute die Generalbeichte nur „die Münnerstädter Beichte." Der Oberhirte aber dankte Gott für das Gelingen dieses Werkes. Die Leute hatten nun Jesuiten gesehen, welche sich Manche vorher ganz anders gedacht hatten. Die Klugheit, Liebe, Bescheidenheit, der Eifer der Missionäre hatte die Herzen gewonnen, Priester und Laien, Beamte und Nichtkatholiken spendeten ihnen einstimmig alles Lob — kein Mißton hatte diese Mission unterbrochen. Die rauhe Jahreszeit hatte aber die Gesundheit des eifrigen Oberhirten hart angegriffen: er kehrte nach Würzburg zurück und wurde von einer heftigen Lungenentzündung befallen. Lange schwebte sein Leben in Gefahr — Priester und Laien wetteiferten im Gebete für dasselbe, und diesem, wie der liebevollen Pflege der Seinen und der Sorgfalt seines Arztes des Dr. Martin Geigel war es zu verdanken, daß sein kostbares Leben noch eine Reihe von Jahren der Diöcese erhalten blieb.

Nun reihte eine Mission sich an die andere, an vielen Orten wurde darum gebeten, so daß die Zahl der Missionäre aus den Orden der Jesuiten, Redemptoristen und Kapuziner nicht mehr genügte, und daher auch bald Seelsorgsgeistliche der Diöcese ihnen nachahmten, und an verschiedenen Orten Volksmissionen abhielten. Die Regierung gewährte bei den meisten leicht die Genehmigung, nur bei einzelnen ergaben sich einige Schwierigkeiten, die aber Georg Anton durch sein entschiedenes, aber kluges, mildes Benehmen überwand. Besondere Schwierigkeit hatte es bei der Doppelmission zu Würzburg. Nach den bestehenden Verordnungen hatte er die entsprechende Anzeige bei der k. Regierung erstattet, und dann die vorbereitenden Schritte gethan: Alles war nun vorbereitet, die Missionäre kamen an, und noch war an die Regierung die königliche Genehmigung nicht eingetroffen. König Max II. weilte damals in Rom, und der Cabinetscourier war noch nicht angekommen. Da beschloß das Gesammtministerium, die Verantwortung dem Könige gegenüber auf sich zu nehmen, und genehmigte die Abhaltung der Mission in Würzburg: doch noch am Vorabende langte von Rom die königliche Genehmigung ein. Diese Mission bereitete dem Bischof Georg Anton große Freude, die Theilnahme war eine große, und namentlich war es der Regierungspräsident Frhr. von Zu-Rhein, der durch sein Beispiel Alle erbaute.

So wurde in dem Bisthume immer mehr das religiöse Leben erhalten, gepflegt, gefördert, und kamen auch alle Blüthen des christlichen Lebens zum Vorschein, welche unsern Tagen eigen sind. Fromme Bruderschaften wurden erneuert, andere neu errichtet, wohlthätige Vereine entstanden, so die Vincentius=, Elisabethen= und Paramentenvereine, sowie andere katholischen Vereine zur Hebung religiösen Lebens und Bekenntnisses, und dieses Alles so, daß nirgends eine Gehässigkeit gegen Andersgläubige vorkam, sondern die Angehörigen der verschiedenen Confessionen friedlich nebeneinander wohnten, und daß Georg Anton noch im Jahre 1866 seinem Könige auf die Frage: „Wie steht es mit dem religiösen Frieden?" in Wahrheit eine ganz befriedigende Antwort geben konnte [1]). Die Schulschwestern, die Franziscanerinnen wurden in vielen Orten berufen, die barmherzigen Schwestern von Niederbronn eingeführt, die Bischof Anton im Jahre 1866 von ihrem Mutterhause zu trennen sich genöthigt fand.

Bischof Stahl war zugleich ein wahrhaft treu ergebener Anhänger des bayrischen Regentenhauses, und benützte auch jede Gelegenheit, hievon aufrichtige Beweise zu geben. In seiner Frömmigkeit und in Erfüllung seiner Hirtenpflichten gab er Gott, was Gottes ist, aber treu der Lehre Christi auch dem Könige, was des Königs ist. Wo immer es galt, dem Könige seine Huldigung zu beweisen, unterließ er es nie. Wenn einer der drei bayerischen Könige in Würzburg am Sonntage sich aufhielt, erbot er sich, selbst in seinen letzten Jahren noch, die hl. Messe zu lesen. Alle die Gelegenheiten, welche die Convenienz darbot, seine Unterthanentreue auszudrücken, benützte er, aber nicht aus bloser Convenienz, noch weniger aus Schmeichelei. Obwohl nicht eitel oder auf Menschen bauend, war es ihm doch lieb, die Huld des Regenten zu besitzen, weil er in diesem einen Gesalbten den Herrn erblickte, und es that ihm weh, als er einige Mal diese Gewogenheit verlor zu Zeiten, wo er, seiner bischöf-

---

[1]) In jenem Jahre während des Krieges kam von einem protestantischen Pfarrer die Klage an das Consistorium zu Bayreuth, ein katholischer Pfarrer der Diöcese Würzburg habe offen gegen Protestanten gehetzt. Daraufhin wurde der Bischof angegangen, den Clerus aufzufordern, daß er solche Hetzereien unterlasse. Georg Anton erwiederte, ein solcher Schritt sei eine durch keine Thatsache motivirte Beleidigung des Clerus: Man möge Namen anführen, damit er gegen den Fehlenden selbst einschreiten könne. Die Namennennung — unterblieb.

lichen Hirtenpflicht folgend, dem Willen der Regierung nicht zustimmen konnte. In solchen Fällen wählte Bischof Stahl überall, wenn er nachgegeben, soweit Gewissen und Pflicht es gestatteten, immer die mildeste Form, bei aller Entschiedenheit vergaß er nie die gebührende Ehrerbietung, und man konnte aus der ganzen Haltung seiner Schriftstücke sehen, daß nur Gewissens- und Amtspflicht, jeglicher Leidenschaftlichkeit bar, ihn leitete. König Ludwig's I Gunst und Gnade hatte er besessen, bis die bekannte Begräbnißfrage ihm dieselbe einige Zeit entzog. Nichts destoweniger hing Georg Anton seinem Monarchen auch dann noch treu an und die Depesche von dessen Thronentsagung empfing und las er unter Thränen. König Ludwig I. empfing ihn in späteren Jahren immer sehr huldreich und freundlich.

Wie alle Bischöfe Deutschlands mit ihrem Clerus, so stand auch Bischof Georg Anton mit dem seinigen im Umsturzjahre 1848 unerschütterlich fest auf der Seite der Ordnung und Legitimität, und er hatte die Freude, auch die Gläubigen seines Bisthums von gleichem Geiste beseelt zu sehen, so daß im Ganzen dieses Sturmjahr ruhig an Franken vorüberzog. König Max II, der die Verdienste des Clerus anerkannte, war darum auch den Bischöfen gewogen und erlangten dieselben nach und nach so manche Freiheiten, die ihnen bisher vorenthalten waren. Seine Gewogenheit gegen Bischof von Stahl bezeugte er durch dessen Ernennung zum Ritter des bayerischen Kronordens unter dem 1. Januar 1850, und indem er ihm 1861 das Comthurkreuz des Verdienstordens vom hl. Michael verlieh. Eine Zeit lang fiel Bischof Stahl in Ungnade, ohne jedoch im Geringsten seine Gesinnung zu ändern: er mußte da die auch sonst nicht seltene Erfahrung machen, daß so manche Herrn, die bisher ihm geschmeichelt, seine Gunst gesucht hatten, von denen Mancher, ob aus Ernst oder Heuchelei, weiß Gott allein, zum Antritt seiner Stelle sich den bischöflichen Segen erholt hatte — nun auf einmal ihn mieden, ja sogar die sonst üblichen Einladungen ablehnten. Er aber, der nicht um Menschengunst buhlte, und der diesen Schmeicheleien nicht geglaubt, weil er Menschenkenntniß besaß, konnte auch ein solches Gebahren ruhig hinnehmen, und hatte später die Genugthuung, die Verlegenheit so Mancher zu beobachten, als König Max, besonders in den letzten Jahren seiner Regierung sich den Bischöfen und dem Clerus wieder zuwandte, als König Max jenes königliche Wort gesprochen, das ganz Bayern freudig durchhallte: „Ich will Friede haben mit meinem Volke."

Es wird nicht ohne Interesse sein, hier eines an sich unbedeutenden Vorfalles zu erwähnen, der aber einerseits den noblen Charakter des Königs kennzeichnet, aber auch darthut, wie sehr derselbe von der Gewissenhaftigkeit des Bischofs überzeugt war. Ein Adeliger, Patron einer Pfarrei, hatte gewünscht, daß der Inhaber der Pfarrei entfernt werde, und hatte dieses Anliegen dem Könige vorgetragen, der sich auch dafür engagirte, und dem Bischofe darüber schreiben ließ. Allein nach kirchlichen Gesetzen war dies ganz unthunlich, und so konnte Georg Anton dem königlichen Willen nicht entsprechen. Bald darauf kam der König nach Würzburg, und der Bischof machte sich auf einen kalten Empfang gefaßt. Aber siehe da! der König war freundlich, wie nie, unterhielt sich lange mit ihm, und sagte ihm mit Anspielung auf die gedachte Angelegenheit das merkwürdige Wort: „Herr Bischof, von Ihnen weiß ich, daß Sie nach Recht und Gewissen handeln." Einen gleichen Beweis von Gewogenheit gab ihm der König bei der Besetzung der Stelle eines Dompropstes; der König theilte ihm die Erledigung der Angelegenheit durch folgendes Handschreiben mit: „Herr Bischof von Stahl! Durch Entschließung vom heutigen an Mein Staatsministerium des Innern f. K. u. Sch.-A. habe Ich mit Rücksicht auf Ihre Empfehlung und Ihren Mir ausgedrückten Wunsch genehmigt, daß der Domcapitular Dr. Reißmann dem päpstlichen Stuhle für die Stelle als Dompropst an dem bischöflichen Capitel zu Würzburg in Vorschlag gebracht werde. Es gewährt Mir Vergnügen, Ihnen dieß hiemit zu eröffnen, Der Ich mit bekannten Gesinnungen bin Ihr wohlgewogener König Max. München den 15. Februar 1861."

Groß war daher auch der Schmerz des Bischofes, als die Trauerkunde von dem Ableben des edlen Monarchen so unerwartet ankam, und obwohl leidend, konnte er sich's nicht versagen, an den Trauerfeierlichkeiten theilzunehmen. Als im September 1869 zu Kissingen das aus Arnold's Meisterhand hervorgegangene Denkmal des Königs Max enthüllt und feierlich eingeweiht wurde, nahm er selbst diesen feierlichen Act vor und hielt dabei eine erhebende Anrede, die er auf den Wunsch der Anwesenden dem

Drucke übergab und für deren Uebersendung er vom König Ludwig II. folgendes Handschreiben empfing: „Mein lieber Bischof Dr. von Stahl! Sie haben bei Enthüllung des Meinem vielgeliebten Vater, Seiner Majestät des Königs Maximilian, von der getreuen Stadt Kissingen errichteten Denkmals, welcher Feier beizuwohnen, Ich leider verhindert gewesen, edle und erhebende Worte gesprochen. Tief gerührt sende Ich Ihnen hiefür den Ausdruck Meines wärmsten Dankes. Möchten diese von Patriotismus und ächter Unterthanentreue getragenen Worte weithin hallen im bayerischen Lande und möge Mir mit Gottes Segen und aller Guten Beistand die hohe Aufgabe gelingen, das Glück Meines biedern Volkes zu immer reicheren Blüthe zu entfalten. — Empfangen Sie unter Wiederholung Meines Dankes die Versicherung wohlgeneigter Gesinnung, mit der Ich bin Ihr gnädiger König Ludwig." Schloß Berg, den 6. October 1869.

Bei diesem patriotischen Pflichtsinne bereitete ihm auch die für Bayern unglückliche Wendung des Krieges 1866 tiefen Schmerz. Er sah den größten Theil seines Bisthums von feindlicher Macht besetzt, er sah die Verluste, die Schäden, die entstanden und sein bayerisches Herz blutete, als er die Sieger in Würzburg einziehen sah. So lange die Occupation dauerte, war er mit reichlicher Einquartirung bedacht, das bischöfliche Haus glich einer Caserne. Aber gegen die Personen war er freundlich: wie vorher mit den bayerischen, so saß er jetzt mit den preußischen Officieren zu Tische; politische Gespräche aber mied er. Als einmal ein preußischer Officier ein bischen stark für Preußen schwärmte, sprach der Bischof ganz ruhig und gelassen: „Meine Herren! Ihr Eid liegt in der Hand des Königs von Preußen, mein Eid in der Hand meines König's. Das ist mein politischer Standpunkt." Hiemit war jedem ähnlichen Gespräche ein für alle Mal vorgebeugt. Mancher mag dies engherzigen Particularismus nennen; aber Jeder, dem noch der Eid etwas Heiliges ist, wird das Eidestreue und gewissenhafte Characterfestigkeit heißen. Möchte Jeder, der Bayern's Könige den Eid der Treue geschworen, ihn ebenso treu halten, als dieser Bischof! Wehe that es darum seinem bischöflichen Herzen, als die Pfarreien des Bezirkamtes Gersfeld und bei Orb von Bayern losgerissen wurden; und alsdann die Regierungen beim päpstlichen Stuhle Schritte thaten, um sie auch kirchlich von Würzburg zu trennen, da bat er auf's Inständigste den hl. Vater, in dies Projekt nicht einzuwilligen, da Viele von diesen Pfarreien schon über 1100 Jahre unter dem Stabe des hl. Burkardus gewesen seien. Auf seinen Visitationsreisen in den Jahren 1868 und 1869 war es rührend anzusehen, wie die Gläubigen jener Pfarreien sich gleichsam an ihn anklammerten, damit er die Trennung nicht zugebe. Es blieb ihm auch dieser Schmerz erspart, er war seinem Nachfolger reservirt. Kurz nach der Trennung der genannten Pfarreien von Bayern stellte das preußische Ministerium an den Bischof den Antrag, in das allgemeine Kirchengebet für jene Pfarreien die bekannte Formel einzuschalten, in welcher für den König, die Königin, die Prinzen und Prinzessinnen u. s. w. besonders gebetet wird. Der Bischof lehnte dieses Ansinnen ab mit dem Bedenken, daß eine Aenderung an der bisher üblichen Formel nicht gut einwirken dürfte, und daß es dem kirchlichen Geiste viel mehr entspreche, nur den Träger der Auctorität zu nennen, und so die Auctorität selbst zu heben und hervorleuchten zu lassen. Hiemit beruhte damals die Sache.

Daß Bischof Stahl ein ebenso guter Sohn der Kirche, als treuer Unterthan und Staatsbürger war, ist aus dem bisher Erwähnten ersichtlich. Doch mögen hier noch einige Züge folgen, welche besonders sein Verhältniß zum hl. Stuhle darthun. Papst Gregor XVI. liebte und achtete ihn sehr, er ernannte ihn durch Breve vom 11. August 1843 zum päpstlichen Hausprälaten, zum päpstlichen Thronassistenten und zum Comes Romanus (römischen Grafen), und war in Verleihung von Facultäten sehr freigebig gegen ihn. Georg Anton war seinerseits dem hl. Stuhle sehr anhänglich, dabei offen und freimüthig. Gewissenhaft erstattete er alle vier Jahre den Rechenschaftsbericht zur Visitatio Ss. Liminum. Im Jahre 1854 wurde ihm die ehrenvolle Einladung zugestellt, zur Publication des Dogma's von der unbefleckten Empfängniß Mariens nach Rom sich zu begeben. Freudig unternahm er die damals noch beschwerliche Reise, die um so beschwerlicher war, weil sie in den Winter fiel: aber er konnte sein liebes Rom wieder sehen, er konnte dem Rufe des Papstes Folge geben, er konnte dem herrlichen Feste anwohnen: dies genügte ihm; er wohnte zu Rom im Quirinal, wie überhaupt Pius IX., damals noch im vollen Besitze seines Kirchenstaates, alle Bischöfe sehr gastlich aufnahm. Auch wohnte er bei dieser Anwesenheit in Rom der Einweihung der Basilica vom hl. Paulus außerhalb der Stadt an. Schon vorher, als der Papst von Gaeta aus an die Bischöfe der katholischen Welt geschrieben, hatte Georg Anton in freudiger Zustimmung den Glauben Frankens an dieses Privilegium seiner Patronin ausgedrückt. Das zweite Mal führte ihn der Ruf des Statthalters

Christi nach Rom im Jahre 1862 zum Pfingstfeste, an welchem die Canonisation der japanesischen Martyrer vorgenommen wurde. Bischof Stahl wohnte mit dem Bischof von Speier bei Cardinal Reisach. Bei dieser Gelegenheit hat Pius IX. eine bis dahin noch nie gebräuchliche Festlichkeit veranstaltet. Er lud nämlich auf den 9. Juli alle Cardinäle und Bischöfe zur Tafel, die im Saale der vaticanischen Bibliothek stattfand. Auch der Senat der Stadt Rom suchte die gefeierten Gäste des Papstes zu ehren, indem er sie unter die Zahl der römischen Patrizier aufnahm. Das Diplom, das Georg Anton erhielt, trägt das Datum vom 24. Mai 1862. Das dritte Mal wallfahrtete er nach Rom zum Centennarium des hl. Petrus im Jahre 1867. Diese Reise fiel ihm bei seiner angegriffenen Gesundheit sehr beschwerlich, dem Feste selbst konnte er beiwohnen, aber an der Frohnleichnams=procession Theil zu nehmen war ihm nicht vergönnt. Auf der Heimreise über Wien hatte er, wie sämmtliche zurückreisenden Bischöfe zu leiden durch die vielen Räucherungen mit Chlor, welche die sogen. italienische Regierung, angeblich der Cholera wegen, an fast allen bedeutenden Bahnstationen vornehmen ließ; die Bischöfe und sonstigen Reisenden mußten sich der Procedur unterziehen, während mancher noble Herr nach freundlichem Händedruck von den Beamten durchgelassen wurde. Die Cholera trat bekanntermaßen später sehr heftig in Italien auf.

Bei seiner Liebe zum apostolischen Stuhle kann man sich seinen Schmerz und seine Theilnahme vorstellen bei den mehr= fachen Beraubungen des Papstes, bei denen derselbe die ver= schiedenen Provinzen verlor. Er gab diesem Gefühle mehrfach Ausdruck in seinen Hirtenbriefen, und forderte gleich den übrigen Bischöfen seine Diöcesanen auf, dem bedrängten Vater der Christenheit zu Hilfe zu kommen und er hatte die Freude, daß seine Diöcese hinter den andern nicht zurückblieb.

Das vierte Mal kam er zum Concil nach Rom; doch hievon später. Bei seinem mehrmaligen Verweilen in Rom erhielt er auch von Privatvereinen verschiedene Auszeichnungen und wurde so Ehrenmitglied der Academie der katholischen Religion, der Quiriten ꝛc. ꝛc.

Nach dieser allgemeinen Character=Schilderung erübrigt noch, einige Besonderheiten anzufügen. Bischof Stahl hatte das Glück das eilfhundertjährige Jubiläum zu begehen. Dasselbe kündigte er an mit einem Hirtenbriefe vom 6. Juni 1843. Gregor XVI. hatte durch ein Breve vom 16. Juni 1842 einen vollkommenen Ablaß für diese Feier verliehen. Dieselbe begann mit den ersten Vespern des St. Chilian=Festes am 7. Juli 1843. Acht Tage lang dauerte die Festlichkeit.

Der apostolische Nuntius Michael Viale=Prelà, Erzbischof von Karthago, die Bischöfe Johann Leonard Pfaff von Fulda und August Graf von Reisach von Eichstädt verherrlichten das Fest durch ihre Gegenwart, durch feierlichen Gottesdienst, Procession, die beiden letzten auch durch Predigten. Die hervorragendsten Prediger der Stadt erbauten durch ihre Worte die Gläubigen. In der Domkirche ward das Evangelienbuch des hl. Chilian, welches nach der Auflösung des Domstiftes Eigenthum der Universitätsbibliothek wurde, zur Verehrung ausgestellt. Die Theilnahme war eine ungemein große: zahlreiche Processionen aus den Pfarreien und den umliegenden Ortschaften zogen zu der Cathedrale; die Beichtstühle waren belagert; an 30,000 Personen empfingen die heiligen Sacramente, und als zum Schlusse das Te Deum tausendstimmig durch die Räume des Domes hallte, waren Alle voll des Dankes für dieses schöne Fest, das der Himmel der Stadt und der Diöcese bereitet hatte. Die dankbare Bürgerschaft konnte sich's nicht versagen, dem Nuntius einen Fackelzug zu bringen. Zum Andenken an dieses Fest wurde eine Münze geschlagen, auf dem Avers war der Dom zu Würzburg abgebildet mit der Umschrift: Cathedra episcopalis Wirceburgensis saeculum undecimum celebrat. 1843; auf dem Revers waren die 3 hh. Bischöfe Kilian, Bonifacius und Burcardus mit dem bischöflichen Wappen und dem des Domcapitels und der Umschrift: Deus incrementum dedit. Der Umstand, daß das bischöfliche Wappen neben dem des Domcapitels sich befand, welch letzteres dem der Herzoge von Franken gleich ist, wurde von Einigen benutzt, den Bischof an höchster Stelle zu verklagen, daß er sich souveräne Attribute beilege, worüber er aber selbstverständlich leicht sich verantworten konnte [1]).

Eine noch größere Freude und Ehre wurde der Stadt Würzburg durch die Bischofsversammlung im Jahre 1848 zu Theil. Erzbischof Geissel von Cöln hatte die Bischöfe Deutschlands in jener schweren Zeit zu dieser Versammlung in die alte katholische Frankenstadt eingeladen; der Zweck und Verlauf derselben ist zu bekannt, als daß eine eingehende Schilderung hier nothwendig wäre. Auch diesmal zeigte sich die Bürgerschaft Würzburgs dankbar für diese Ehre und wollte diesem Gefühle durch einen Fackelzug Ausdruck geben. Die Bischöfe jedoch baten, dies zu unterlassen; daher beschlossen die Bürger, dafür den Armen

---

[1]) Einen ähnlichen Anlaß zu gleicher Anklage hat man benützt, als er die violette im Pontificale Romanum für den Bischof und die Capitularen vorgeschriebene Cappa Magna mit dem Pelze trug. Er wolle den Purpurmantel, Herzogmantel wieder sich anmaßen, so lautete die Anklage. Denselben Vorwurf machte man ihm, als Caplan Hösling von Lohr auf dem Umschlag eines Kalenders auf der einen Seite die Genealogie des kgl. Hauses, auf der anderen die der Kirchenfürsten abdrucken wollte. Bischof Stahl hatte diesen Kalender gar nicht zu Gesicht bekommen, das bischöfliche Ordinariat aber ohne Arg die Genehmigung dazu gegeben.

ein Freudenfest zu bereiten und so wurden diese in einem Saale der kgl. Residenz öffentlich gespeist und erfreuten sich bei diesem Mahle der Anwesenheit sämmtlicher Kirchenfürsten. Im Jahre 1856 nahm er Theil an den geistlichen Exercitien der Bischöfe Deutschlands zu Fulda. Von da an nahm Bischof Stahl an sämmtlichen Zusammenkünften der bayerischen und der deutschen Bischöfe regen Antheil, so im Jahre 1850 zu Freising, 1864 zu Bamberg, 1865 zu Passau, 1868 zu Würzburg, in den Jahren 1867 und 1869 zu Fulda. Bei all diesen Versammlungen war Bischof Georg Anton besonders auf die Erhaltung des Friedens zwischen staatlichen und kirchlichen Behörden bedacht. So fest er daher immer in der Sache war, so mild war er in der Handlungsweise; und es ist bekannt, welche Resultate dieses Vorgehen aller bayerischen Bischöfe bei dem edlen Könige Max erreichte.

Doch verlief die Amtsverwaltung nicht ohne allen Conflict. Es war insbesondere die Frage über die Begräbnisse der Akatholiken, welche ihm einige Zeit die Gunst Königs Ludwig I. entzog. Dieser war schon über die beim Ableben der Königin Caroline von den meisten bayerischen Bischöfen angeordneten Trauerfeierlichkeiten etwas verstimmt, obwohl er in ächtkatholischem Sinne keine Feierlichkeit verlangen wollte, welche dem Geiste und den Gesetzen der hl. Kirche widerspricht. Da benützte der kgl. Kämmerer von der Tann einen Anlaß, den Bischof der Unduldsamkeit u. s. w. zu zeihen, welche, wenn der König nichts dagegen thue, auf den König selbst zurückfiele. Am 5. Januar 1844 hatte das bischöfliche Ordinariat Würzburg ein Circular erlassen über das Verhalten bei Beerdigung von Protestanten, in welcher nach den canonischen Bestimmungen jede kirchliche Betheiligung bei solchen Begräbnissen untersagt, und so auch das Geläute der Glocken, wo nicht schon ein Recht der Protestanten auf dasselbe vorhanden war, verweigert wurde. Da erschien auf einmal in den außerbayerischen Zeitungen ein kgl. Cabinetschreiben an den Bischof Stahl vom 3. Januar 1845, das auf die treuen Katholiken einen betrübenden Eindruck machte, während die Uebrigen triumphirten. Der König hatte nämlich in einem Antwortsschreiben auf die Neujahrswünsche dem Bischofe seinen Wunsch und Willen ausgedrückt „daß entschieden alle Uebertreibungen in kirchlichen Dingen unterlassen werden", man dürfe sich keine Blöße geben, man müsse die christliche Liebe nicht bei Seite setzen, im Geiste Seiler's und Wittmann's handeln. Die Mannheimer Abendzeitung brachte hierüber aus Würzburg einen heftigen Artikel gegen den Bischof in der Nr. 40 vom 11. Febr. 1845, worin sie ihm noch einmal die oben angeführten lächerlichen Anschuldigungen vorwarf, wegen des Wappens auf der Jubiläumsdenkmünze und wegen der Cappa magna, die man mit dem Herzogsmantel verwechselte. Gregor XVI. suchte durch ein Schreiben vom 4. Juni 1845 für diese Ungnade des Königes ihm einen Ersatz zu bieten. Da erhielt der Bischof ein aus Brückenau, 12. Juli 1845 datirtes kgl. Schreiben. König Ludwig hatte in Kissingen erfahren, daß dort vom katholischen Pfarramte einem verstorbenen Anglicaner das Grabgeläute verweigert worden. Darüber forderte er den Bischof auf, baldigen Aufschluß über diese „Neuerung" zu geben, die nicht in das Dogmengebiet, sondern in das Bereich des kirchlichen Ritus, der Disciplin gehöre. In Bamberg und Passau sei es nicht so. Doch fügte der im Herzen ganz gläubige König hinzu: „Dieses Vorstehende sollen Sie nicht also deuten, als wäre damit gesagt, Ich wollte in Ihre Rechte eingreifen — das ist nie Meine Absicht. Ich achte eines Jeden Rechte." Es war nämlich in des Königs Herzen die Besorgniß aufgestiegen, daß diese Handlungsweise als Unduldsamkeit ausgelegt, zum Theil auf seine Rechnung geschrieben und von den Feinden der Kirche gegen dieselbe ausgebeutet werde. Unter dem 22. Juli sandte Bischof Stahl einen eingehenden Bericht ein mit einer Beilage zur Beantwortung der Frage: „Können Akatholiken ritu catholico beerdigt werden?"

In dem Berichte selbst verweist er auf diese Beilage, daß die Anordnung vom 5. Januar 1844 nicht blos im Ritus und der Disciplin, sondern auch im Dogma begründet sei. Fern sei es von ihm, Jemandens Recht zu kränken, sondern er wolle sein Recht wahren oder vielmehr nach dem Vorgange der Oberhirten von München, Eichstädt und Passau eine Pflicht seines Amtes erfüllen. „Die Gründe aber, welche für Versagung des kirchlichen Ritus bei Beerdigung von Akatholiken im Allgemeinen sprechen, gelten auch im Besondern für Versagung des Glockengeläutes, nachdem dieses einen Theil des Ritus bildet und ein Aufruf Namens der Kirche zum öffentlichen Gebete für den Verstorbenen ist.... Wenn übrigens in andern Bisthümern die Akatholiken ritu catholico beerdigt werden, so wurde in ähnlicher Weise früher in unsern Gegenden, ehe das Oberhaupt der Kirche entschieden hatte, in Sachen der gemischten Ehen gefehlt und wird in manchen deutschen Bisthümern noch gefehlt. — Möge die kgl. Gnade mir noch gestatten, meine Ueberzeugung hier vor dem Throne auszusprechen, wie eine durchgeführte confessionelle Trennung auch im Interesse der bürgerlichen Eintracht liege. In bürgerlicher Hinsicht haben nämlich alle Einwohner Allerhöchst-Ihres Reiches das gleiche Glück, treue Bayern, glückliche Unterthanen Ew. K. Majestät, liebende Kinder eines geliebten Vaters zu sein, stehend unter demselben Gesetze, regiert von demselben Scepter eines erlauchten und gerechten Monarchen; —

als Unterthanen, als Bayern sind wir enge und innigst verbunden. Aber zwischen Confession und Confession liegen Widersprüche, die ohne Reaction sich nicht berühren. Je seltener also die wechselweise Berührung derselben bei Acten der Religion und des Cultus, desto friedlicher und einträchtlicher werden in bürgerlicher Beziehung die Unterthanen Ew. Majestät unter und neben einander wohnen. So wird das gehandhabte kirchliche Verbot der communio in sacris auch in bürgerlicher Beziehung seine wohlthätigen Früchte bringen und auch hier sich wieder erwahren, daß der Gehorsam gegen den Glauben und die Gebote unserer hl. Kirche, die von Gott gesetzt und die vom hl. Geiste geleitet ist, der sichere und einzige Weg zum zeitlichen und ewigen Frieden ist." Am 27. Juli 1845 sandte der König seine Antwort, in der er sich zwar noch nicht ganz zufrieden gab, und es noch für gut fand, kirchliche Strenge in dieser Sache zu mildern, aber nach der Entscheidung von Rom auf Nichts mehr weiter bestand. So blieb denn die Angelegenheit nach den kirchlichen Vorschriften geregelt.¹)

Bei diesem strengen Festhalten an den kirchlichen Principien und Vorschriften, war Bischof Stahl gegen Protestanten u.s.w. nicht etwa tolerant, sondern höchst liebevoll und freundlich, und hat so durch sein Beispiel gezeigt, daß die durch Confession Getrennten, als Menschen, als Unterthanen einander enge verbunden sind.

Eine ähnliche Correspondenz, dies Mal mit dem Cultusministerium, hatte Bischof Stahl wegen der durch Jesuiten abgehaltenen Priesterexercitien zu führen. Am 4. December 1844 hatte das Ministerium d. J. angeordnet, daß jedes Mal, wenn ein ausländischer Geistlicher Priesterexercitien leite, dieses unter Namhaftmachung desselben höchsten Ortes mitzutheilen sei. Diese Verordnung wurde unter dem 8. August 1845 zurückgenommen, und die Abhaltung der Priesterexercitien durch ausländische Geistliche nicht mehr gestattet, „da im Königreiche sich doch ein zum Exercitienmeister tauglicher Priester finden würde". Auch hatte König Ludwig am 7. November gleichen Jahres dem Bischofe von Eichstätt, der um Abänderung dieser Anordnung nachgesucht hatte, wörtlich Folgendes erwiedert: „Ich bin nicht gesonnen von

---

¹) Es wird nicht uninteressant sein, zu wissen, wie Bischof Stahl in populärer Weise in dieser Frage zu antworten wußte. General v. Zandt frug ihn eines Tages, ob denn in dieser Sache kein Nachgeben möglich sei. Der Bischof erwiederte: „Herr General! Sie sind ein Freund des Hrn. Präsidenten?" — „„Gewiß."" — „Wenn heute derselbe stürbe, und seine Wittwe zu Ihnen käme, und Sie bäte, da Sie sein Freund sind, möchten Sie Ihr Militär zur Leiche ausrücken lassen und ihm überhaupt militärische Ehre erweisen, was würden Sie thun?" „„Das würde nicht angehen; denn militärisch kann nur ein Militär begraben werden."" — „Und ebenso kann nur ein Katholik nach katholischem Ritus begraben werden."

meiner Entschließung d. d. 1. August wieder abzugehen. — Wenig erfreulich wäre es und wohl auch im Widerstreit mit der Ueberzeugung und Erwartung wenigst des bei weitem größten Theils des katholischen Clerus Meines Landes, wenn angenommen werden wollte, daß es in Bayern keine für das Abhalten fraglicher Exercitien geeigneten Priester gebe, — daß solche nur im Auslande zu finden. — Ich wiederhole, von nun an darf, auf so lange Ich nicht anders verfüge, kein ausländischer Priester für beregtes geistliche Geschäft mehr berufen werden. — Daß, dieses zu verfügen, in Meinem guten Rechte, steht eben so außer Zweifel, als Sie es klar und richtig in Ihrem Schreiben vom 1. ds. ausgesprochen." Dieses meldete der Cultusminister von Zwehl unter dem 9. Februar 1857 dem Bischofe. Aber bereits in demselben Jahre nahm König Max II. diese Verfügung zurück, weil mehre Bischöfe dagegen Verwahrung einlegten, und gab derselbe Minister dies unter dem 16. Mai 1857 kund. Am 25. Januar 1859 erstattete Bischof Stahl, einer am 31. December 1858 ergangen Aufforderung Folge gebend, Bericht über die bis dahin abgehaltenen Priesterexercitien und konnte nicht umhin, den dabei thätigen Patres Lamenzan, Wertenberg, Minoux, Burgstahler, Anna, Zeil und Haßlacher unbedingte Anerkennung auszusprechen. Von da ab hatte diese Angelegenheit während seiner Amtsführung keine amtliche Schwierigkeit mehr.[1])

Mehr Schwierigkeiten bereitete die Veranstaltung von Volksmissionen. Als die Abhaltung von solchen angeregt wurde, erschien eine Ministerial-Entschließung vom 20. Juni 1851, welche für Abhaltung von außergewöhnlichen religiösen Feierlichkeiten vorgängige A n z e i g e bei der weltlichen Behörde anordnete; wenn hiebei Geistliche thätig seien, welche einem in Bayern nicht recipirten Orden angehören oder das Indigenat nicht besitzen, so sei bei der kgl. Regierung Anzeige zu erstatten und behalte sich Se. Majestät die Entscheidung zu. Die Oberhirten von München und Speyer thaten hierauf unmittelbar Schritte beim Ministerium. In Würzburg hatte die Kreis-Regierung, als mehre Beamte von der Entschließung zu Vexationen bei kirchlichen Festen Anlaß nahmen, sich bemüßigt gefunden, ein Ausschreiben d. d. 24. Oct. 1851 ergehen zu lassen, welches solchem Gebahren vorbeugte; dieses Ausschreiben wurde am 6. November 1851 auch vom Ministerium adoptirt. Wiederholt (am 22. November 1851) erhielt der Bischof bedeutet, er möge bei Volksmissionen Redemptoristen berufen, da die Staatsregierung zu einer fortge-

---

[1]) Desto mehr eiferten einige Blätter gegen die Exercitien, daß so viele Geistliche unbeaufsichtigt vom Staate da zusammen kämen. Lächelnd bemerkte der Bischof, als er dies vernahm: „Ich hätte Nichts dagegen, wenn die ganze Regierung anwohnen und controlliren würde."

setzten, gleichsam beständigen Wirksamkeit eines nicht recipirten Ordens die Hand nicht reichen könne. Gegen diese Einschränkung, welche wegen der geringen Anzahl von Redemptoristen die Abhaltung von Missionen beinahe unmöglich machte, legte der Bischof unter dem 29. December 1851 Wahrung ein und bat um Zurücknahme der höchsten Entschließung vom 20. Juni 1851. Es wurde durch eine Ministerial-Entschließung vom 8. April 1852 die Abhaltung von Missionen durch ausländische Priester bis zum October desselben Jahres, aber nicht länger für zulässig erklärt, jedoch so, daß in den einzelnen Fällen Antrag zu stellen sei. Von da an wurden dann in der Diöcese an vielen Orten Missionen abgehalten und König Max genehmigte, auch noch nach Ablauf gedachten Termins deren Abhaltung durch Jesuiten.

Eine weitere, wichtige Angelegenheit lag dem Bischofe sehr am Herzen, die Abfassung eines gleichförmigen Katechismus für die Schulen Bayern's. In dieser Richtung wurden bereits seit dem Jahre 1841 Schritte gethan, die aber damals zu keinem definitiven Abschluß führten. Erst im Jahre 1853 kam die Sache zu Stande, als für ganz Bayern der Katechismus von Deharbe von den Bischöfen angenommen wurde. Derselbe wurde in der Diöcese Würzburg durch Ausschreiben des Ordinariates vom 7. April 1854 eingeführt und wurde für die Diöcese eine kleinere Ausgabe des sog. Diöcesankatechismus veranstaltet. In beiden Ausgaben war ein Abriß der Religionsgeschichte vorausgeschickt, und hatten sich die Bischöfe geeinigt, nur in gemeinsamen Vorgehen darin etwas zu ändern. Gegen diesen Abriß erhoben sich von Seiten der protestantischen Kirchenbehörden und einiger auswärtigen Regierungen Reclamationen, daß nämlich Angriffe auf die protestantische Kirche darin enthalten seien, und wurden vom Ministerium einige Abänderungen verlangt. Dieselben wurden wenigstens zum Theil von einzelnen Bischöfen einseitig zugestanden. Bischof Stahl, der nun auf sein individuelles Ermessen angewiesen war, begründete in einem Schreiben vom 28. April 1862 an den Minister von Zwehl seinen Entschluß, Nichts abzuändern damit, daß 1) einige Sätze, die beanstandet seien, Glaubenssätze enthalten oder solche nahe berühren; daß 2) andere beanstandete Stellen milder gefaßt seien, als die vorgeschlagenen Aenderungen, und daß 3) nach so langem ruhigen Besitze eine Abänderung, wenn deren Veranlassung bekannt würde, keinen guten Eindruck hervorrufen könnte, und vielleicht Stimmen dagegen sich erheben und Fragen angeregt würden, die besser sei nicht hervorzurufen. „So geht, schloß er sein Schreiben, nicht blos im Dienste meiner Pflicht, sondern selbst im Interesse des Friedens und der Ruhe meine bestimmte Meinung dahin, es sei im Bisthume Würzburg der status quo in dieser Sache zu belassen." Und der Bischof hat recht gesehen. Gewiß ist in der

Diöcese Würzburg dieser Abriß nie Ursache oder Anlaß gewesen zu gehässigem Benehmen gegen Protestanten, da bis zum Jahre 1866 in der Diöcese nie öffentliche oder bedeutende Gehässigkeiten gegen Protestanten vorkamen oder lautbar wurden.

Viele persönlichen Opfer forderte von ihm der Bau der Kapelle auf der Salzburg bei Neustadt an der Saal. Aufgemuntert von König Ludwig I. und einigen Bischöfen unternahm er es, an dieser Stelle, von welcher aus die Segnungen des Christenthumes über Franken sich ergoßen und an welcher der hl. Bonifacius die hl. Bischöfe Burcard und Willibald und Witto geweiht hatte, ein Haus Gottes zu errichten. Am 12. Juli 1841 wurde das „Salzburgfest, die eilfte Säcularfeier der Stiftung fränkischer, thüringischer und hessischer Bisthümer durch den hl. Bonifacius" begangen durch feierliche Grundsteinlegung zu einer Kapelle auf der Salzburg. König Ludwig I beehrte das Fest mit seiner Gegenwart. Ebenso waren außer dem Bischof von Würzburg, dem Nachfolger des hl. Burcard, die Bischöfe von Fulda und Eichstädt, die mit dem hl. Bonifacius und Willibald in so enger Beziehung stehen, bei diesem Feste erschienen. Allein bald nach Beginn des Werkes mußte Bischof Georg Anton die ganze Last des Baues allein tragen, welche ihm bei dem Mangel alles älterlichen Vermögens u. s. w. besonders schwer fiel. Viele Jahre vergingen bis er im Stande war, diese Unkosten zu decken. Er hegte den Wunsch, mit der Kapelle ein Hospiz, etwa von Kapuzinern, verbinden zu können, allein dieser Wunsch blieb, wie ein anderer, den er noch oft bis zum Ende seines Lebens äußerte, unerfüllt; dieser zweite Wunsch war, an der Neumünsterkirche zu Würzburg dem Grabe des hl. Kilian, einen eigenen Pfarrer angestellt zu sehen. Möge er sich recht bald erfüllen!

Lange hat Georg Anton den Stuhl des hl. Burcard innegehabt. Er erlebte das 25. Jahr seiner bischöflichen Amtsführung; der 4. October 1865, an welchem er dies Jubiläum beging, war ein Festtag für die Stadt und für die Diöcese — ein Festtag, an dem auch Angehörige der getrennten Confessionen sich betheiligten. Von allen Seiten langten Glückwünsche zu diesem Festtage an; der Gefeierte erhielt von Seiner Majestät König Ludwig II. das Comthurkreuz des bayrischen Kronordens. Der Clerus des ganzen Bisthums erschien durch zahlreiche Vertreter, die Klöster und klösterlichen Institute, die Studienanstalten, die Vereine und Bruderschaften und die Vertreter der Heimathgemeinde Stadtprozelten reihten sich ihnen mit ihren Glückwünschen an. Am Vorabende bei eintretender Dämmerung kündeten die Glocken der Stadt wie vor 25 Jahren das Fest an. Die Liedertafel, der Sängerverein und die Landwehrmusik brachten eine Serenade. Am 4. October früh zog der Bischof unter Vorantritt von 300 Geistlichen und begleitet vom Domcapitel in die Cathedrale und assistirte dem Hochamte. Als zuletzt das Te Deum gesungen wurde, erneute der Clerus die Huldigung. Bischof Stahl aber stand am Thronhimmel und betete das Miserere. Nach dem Gottesdienste brachten die Militär- und Civilbehörden, sowie die Vertreter der Stadt ihre Glückwünsche dar. Unter den Festgeschenken ragte hervor das des Clerus, bestehend in einem Brillantring und einem silbernen Bischofsstabe, der die Widmung trug: Reverendissimo ac illustrissimo Domino Georgio Antonio Episcopo jubilari summa pietate et devotione clerus herbipolensis die IV. Octobris 1865. An dem Knauf waren in kleinen Nischen silberne Statuetten der hh. Kilian, Kolonat, Totnan, Bonifacius, Burcard und Bruno. Am Schlusse der Krümmung befand sich eine gleiche Statuette der unbefleckt empfangenen Jungfrau Maria, bei welcher die Worte zu lesen waren: Dogma declaratum 1854. Man hatte sinnig dies gewählt, weil Georg Anton der Verkündigung dieses Dogma's zu Rom angewohnt hatte. Dieser Gabe reihte sich würdig an eine vom Marienverein gewidmete und gestickte Mitra, ein gothisches Crucifix, von der Heimathgemeinde überreicht u. s. w. Zahlreiche Festschriften wurden ihm gewidmet. Auch der Herzog Bernard von Sachsen-Meiningen unterließ es nicht, dem Oberhirten, welchem die Katholiken in Meiningen und Hildburghausen anvertraut sind, ein freundliches Glückwunsch-Schreiben zu senden. Der Tag fand seinen Abschluß in einem öffentlichen Fest- und Freudenmahle. In Mitten dieser Feier und Ehrenbezeugungen konnte man nur die Bescheidenheit und Demuth des Jubilars bewundern, an dem Niemand auch nur die geringste Spur von Eitelkeit entdecken konnte.

Die letzte Zeit seines Lebens und seiner Amtsthätigkeit fiel in die großartigste Epoche dieses Jahrhunderts. Bereits im Februar 1866 hatte der Papst eine vertrauliche Anfrage, ähnlich wie an andere Bischöfe, auch an ihn ergehen lassen, ob er die Abhaltung eines allgemeinen Concils für zeitgemäß halte und ob die beiden Professoren Hettinger und Hergenröther als päpstliche Theologen bei den Vorarbeiten thätig sein könnten. Auf die erste Frage antwortete der Bischof bejahend in Anbetracht der langen Zeit, die seit dem Concil von Trient verflossen war, um so mehr als die Ereignisse der letzten Jahre mit großer Schnelligkeit sich aneinandergedrängt hatten und in derselben Periode ein solcher Umschwung im religiösen und bürgerlichen Leben sich ergeben hatte, zu welchem sonst Jahrhunderte erforderlich waren. Die zweite Anfrage bereitete ihm große Freude, daß gerade von der Universität Würzburg zwei Professoren eine so hohe Ehre zugedacht war. Es ist bekannt, wie im Jahre 1867 bei Anlaß des Centennariums der Apostelfürsten der Papst in einer Congregation vor den Bischöfen seinen Willen erklärte, bald ein ökumenisches Concil zu berufen; wie diese Nachricht den Erdkreis electrisirte; und wie sie von den zu Rom versammelten Bischöfen freudig aufgenommen wurde [1]).

Bald begannen auch die Agitationen gegen ein solches Concil in der Presse und der Diplomatie und besonders die Angriffe gegen die Lehre von der Unfehlbarkeit. Den Bischöfen wurden noch im Jahre 1867 verschiedene Fragen, namentlich über Disciplin und Kirchenrecht vorgelegt, und waren dieselben ein besonderer Gegenstand der bischöflichen Berathungen zu Fulda i. J. 1867. Nach der Veröffentlichung der Ansagungsbulle vom 29. Juni 1868 wurde die Bewegung eine immer stärkere, namentlich in Folge der bekannten Artikel in der Civiltà Cattolica über die amtliche Unfehlbarkeit des Papstes. Diese Bewegung rief die Adresse hervor, welche der größere Theil der i. J. 1869 zu Fulda versammelten Bischöfen an den Papst richtete. Bischof Stahl schloß sich dieser Adresse nicht an, mit ihm die Bischöfe von Paderborn, Eichstätt und Luxemburg. Er motivirte sein Verfahren auf folgende Weise: 1) sei er von der Wahrheit des Satzes überzeugt, daß die Decrete des Papstes ex cathedra unfehlbar seien, und die Definirung einer Wahrheit sei immer ein großer Gewinn; 2) könnte die Definition, wenn sie etwa für Deutschland inopportun erscheinen möchte, für die ganze Kirche opportun, ja sogar nothwendig sein, und dies zu ermessen sei Sache des Papstes und des Concils; 3) sei zur Abfertigung einer solchen Adresse kein Grund vorhanden; denn man wisse ja nicht, ob die Vorlage dieses Gegenstandes überhaupt beabsichtigt sei; die ganze Agitation sei entweder durch Indiscretion und den Eidesbruch eines Consultors oder durch die Meinungsäußerung eines Zeitungsschreibers hervorgerufen; keines von Beiden scheinen ihm hinreichenden Grund zu einer solchen Adresse.

Nachdem er nun am 8. September zu Schweinfurt im Lager die feierliche Feldmesse gelesen und noch einige Kircheinweihungen vorgenommen hatte, rüstete er sich zur Abreise nach Rom und — zur Reise in die Ewigkeit: er begab sich auf einige Tage in das Kloster zu Dettelbach um in der Einsamkeit und Zurückgezogenheit den geistlichen Exercitien obzuliegen. Es waren das, wie er oft sagte, süße und schöne Tage, und er nahm sich vor, jedes Jahr ein Gleiches zu thun. Am 15. November 1867 reiste er über Tyrol nach Rom zum Concil, wo er am 20. November Abends halb 10 Uhr glücklich ankam, von dem

---

[1]) Vergl. die Adresse der Bischöfe vom 1. Juli 1867. Cecconi, Geschichte der allgemeinen Kirchenversammlung im Vaticau. Bd. I. Beilage XI.

zum Empfang der Bischöfe gebildeten Comite am Bahnhofe begrüßt wurde und dann im deutschen Hospiz di Santa Maria dell' Anima abstieg. Kurze Zeit nach seiner Ankunft hatte er Audienz beim hl. Vater; er wohnte der vorbereitenden Congregation am 2. December bei und der Eröffnung des Concils am 8. December. Trotz seiner von Tag zu Tag mehr angegriffenen Gesundheit — das in Würzburg ihn so oft quälende Erbrechen stellte sich sehr häufig, fast täglich ein — nahm er Theil an allen Sitzungen und Congregationen. Am Dreikönigstage, in der zweiten öffentlichen Sitzung legte er mit den übrigen Bischöfen nach Vorgang des Papstes das Glaubensbekenntniß ab. Es war für ihn ein erhebendes Gefühl, für sich und seine Diöcese seinen Glauben offen zu bekennen; einige Tage darauf traf ihn die schmerzliche Nachricht vom Ableben seines Freundes, des Cardinals Reisach. Er schrieb am 5. Februar: „Am 13. Januar Morgens 10 Uhr wurde in der Kirche der Anima ein Trauergottesdienst für den seligen Cardinal Reisach abgehalten. Der Herr Fürst-Erzbischof von Salzburg hielt das Traueramt und der Herr Cardinal Schwarzenberg die absolutio an der Tumba. Die deutschen Bischöfe, andere Bischöfe, viele Priester und Laien, die bayerische Gesandtschaft, mehre Cardinäle u. s. w. wohnten bei, ebenso das Alumnat vom deutschen Colleg, von welchem ein Theil am Altare und an der Tumba ministrirte, ein anderer den Trauergesang aufführte. Wie war da mir! Der Trauergesang war einfach und sehr edel, und eine Stimme sang ganz besonders rührend."

An den Privatzusammenkünften der Bischöfe nahm Georg Anton fast gar keinen Antheil, da seine Gesundheitsverhältnisse ihn daran hinderten. Aber den Sitzungen der Deputatio pro disciplina wohnte er regelmäßig bei. Besonders erfreut war er über die freundliche Aufnahme Seitens des bayerischen Gesandten. „Jeden Sonntag Mittags 1 Uhr, so schrieb er nach Hause, sind wir bayerischen Bischöfe alle bei dem bayerischen Gesandten, Grafen v. Tauffkirchen, zu Tisch und werden sehr freundlich behandelt." Seiner Schwester suchte er noch eine große Freude zu bereiten, indem er sie für die Osterzeit auf einige Wochen nach Rom berief. Es war ihr Abschiedsbesuch auf Lebewohl für das Diesseits.

Die Erholungszeit brachte er meistens mit Besuch der Heiligthümer Rom's zu, und so waren diese Tage für ihn eine Zeit der geistigen Erquickung.

Bei der 3. öffentlichen Sitzung, in welcher die ersten dogmatischen Definitionen erlassen wurden, gab er sein „Placet" und freute sich ungemein über die Einhelligkeit bei der Abstimmung. Um jene Zeit war es, wo Professor Friedrich aus München zu ihm kam und sich über einige Aeußerungen des fränkischen

Volksblattes gegen ihn beschwerte. Derselbe ward von dem Bischofe mit der gewohnten Freundlichkeit und Liebe empfangen und dieser ertheilte auch seinem Secretär den Auftrag, im Sinne des genannten Professors dem Redacteur des erwähnten Blattes Aufklärungen zuzusenden, welche auch entsprechend aufgenommen wurden.

Der Kampf gegen die Unfehlbarkeit machte den Bischof immer besorgter und er erkannte die Nothwendigkeit eines entscheidenden Schrittes; darum schloß er sich denjenigen Bischöfen an, welche eine Adresse an sämmtliche Concilsväter erließen und diese ersuchten, gemeinsam mit ihnen den hl. Vater zu bitten, daß er jetzt schon die Frage über die Auctorität des Papstes und seiner Lehrentscheidungen dem Concil zur Vorlage bringen wolle. Er that dies in der vollsten und lebendigsten Ueberzeugung, daß die Lehre von der Unfehlbarkeit zu den geoffenbarten Wahrheiten gehöre, und daß durch die Festsetzung dieser Lehre dem staatlichen und kirchlichen Leben nur Vortheil erwachsen könne. Graf von Tauffkirchen ersuchte ihn einmal um eine Unterredung über diese Frage; dieselbe dauerte über zwei Stunden, und der Gesandte gab ihm nach derselben das Zeugniß, daß er erkenne, wie tief der Bischof von dieser Lehre überzeugt sei, brachte ihm jedoch sein Bedenken vor, ob dieselbe nicht der staatlichen Auctorität Eintrag thue.

Im Gegentheil, erwiederte ihm der Bischof, durch die Auctorität des Papstes werde die staatliche Auctorität nur gestützt und erhöht. Denn was unserer Zeit fehle, das sei Geltung der Auctorität und dadurch, daß der Welt im Papste eine Auctorität $\kappa\alpha\tau'$ $\dot{\epsilon}\xi o\chi\eta\nu$ gezeigt werde, könnte man allein Ehrfurcht und Achtung vor jeder Auctorität überhaupt wieder in's Leben rufen.

Bei der immer steigenden Hitze litt seine Gesundheit immer mehr und mehr; täglich schwanden seine Kräfte sichtbar und er hoffte, daß er nach baldiger dogmatischer Entscheidung über die schwebende Hauptfrage rasch nach Hause zurückkehren und seine Kräfte wieder herstellen könne. Am 29. Juni noch schrieb er: er hoffe, daß dies bis nach der Mitte Juli möglich sei. Doch der Herr hatte anders beschlossen. Der Gehorsam auf den Ruf des Papstes hatte ihn nach Rom gerufen, er hielt ihn auch dort bis zu seinem Tode fest. Oefters sprach er in den letzten vierzehn Tagen von seinem nahen Tode: „Ich bin jetzt alt, so sprach er, o ich freue mich so alt zu sein, es kommen harte Tage und harte Kämpfe stehen bevor, die durchzukämpfen ich die Kräfte nicht hätte — ihr werdet mich vielleicht, und dieses sagte er in den letzten Tagen sehr oft, einmal Morgens todt im Bette finden, doch habt keine Sorge um meine Seele, ich bereite mich jeden Abend zum Tode vor, damit der Herr kommen kann, wenn es ihm gefällt. Ich muß einmal sterben und ich sterbe gern, weil ich dadurch der Gerechtigkeit Gottes den schuldigen Tribut und die Sühne für meine Sünden leisten kann." Je mehr man in den letzten Tagen Angesichts seiner zunehmenden Schwäche in ihn drang, nach Hause zurückzukehren oder wenigstens einen Landaufenthalt zu suchen, desto fester verharrte er in seinem Entschlusse, in Rom zu bleiben. „Ich bin da im heiligen Gehorsam, sprach er, und wie könnte mir ein schöneres Loos zu Theil werden, als hier in der heiligen Stadt am Grabe des heiligen Petrus in Ausübung des heiligen Gehorsams zu sterben?" Der Herr hat dieses Opfer angenommen. Am Abend des 12. Juli war er ebenso wie sein Bedienter sehr matt, jedoch nicht bettlägerig; den Bedienten raffte kurz nach Mitternacht ein heftiges Fieber (febbre perniciosa) in wenigen Stunden hinweg. Sieben Stunden später sollte auch Georg Anton demselben Fieber erliegen. „Am Morgen gegen $^1/_2 6$ Uhr, so berichten die Röm. Briefe der Rhein. Volksbl., als wir an das Bett des Kranken traten, fanden wir ihn äußerst erschöpft; das Auge war matt, die Brust arbeitete heftig, die Fiebergluth brannte auf seiner Stirne. Selbst die Zunge versagte ihren Dienst. Mehrmals versuchte er zu reden, allein so sehr der Sekretär des hochwürdigsten Herrn und wir auch lauschen mochten, wir verstanden ihn nicht. Endlich wurde es uns klar, daß er betete; es waren Worte des Psalmisten David, die er mit sterbenden Lippen zum Himmel sandte. Gegen 7 Uhr wurden die vom Arzte verordneten Senfpflaster aufgelegt; sie schienen zu wirken. Die Natur raffte ihre letzten Kräfte zusammen gegen eine Krankheit, die mächtiger war, als sie. Als wir zur Kirche gingen um das hl. Oel zu holen, begegnete uns auf der Treppe der hochw. Bischof von Linz, der eben aus der Messe kam. Wir theilten ihm den bedenklichen Zustand des Kranken mit, und auch er selber mit den Symptomen des nahenden Todes vertrauter und bekannter als wir, drängte auf Beschleunigung der Spendung des hl. Sakraments. Auf Bitte des Sekretärs nahm der Bischof selber sofort die Ertheilung der hl. Oelung vor. Während der hl. Handlung wurde der Kranke ruhiger, der Athem ruhig und leise; allein es war nur das letzte Verglimmen des Lebensfünkleins, das ruhig und schmerzlos stirbt, nachdem die Flamme längst erloschen ist. Wir knieten am Fußende, die Augen unverwandt auf die Züge des Sterbenden geheftet. Kein Schmerz, kein Kampf, kein Ringen der letzten Augenblicke zuckte über dieselben; nur zuweilen verrieth eine leichte, flüchtige Bewegung, daß das Leben noch nicht entschwunden sei. An die Spendung des Sakraments schloß der Bischof von Linz die Gebete für die Sterbenden: „„Proficiscere anima Christiana: fahre hin christliche Seele, im Namen des Vaters, der dich erschaffen, im Namen des Sohnes, der dich erlöst, im Namen des hl. Geistes, der dich geheiligt hat. Bei deinem Eintritte in die Ewigkeit komme dir entgegen der strahlende Chor der Engel, der Apostel, der Bekenner und Jungfrauen und geleite dich zum Throne des Allerhöchsten"" — diese Gebete der Kirche in den letzten Augenblicken ihrer Kinder, wo ihr Mutterherz in glühendster Andacht an das Vaterherz Gottes sich wendet, wo sie den ganzen Himmel zu Hülfe ruft, und mit der Fülle ihrer Segnungen, Gnadenschätze und Fürbitten die Seele wie mit einem duftigen Gewand umhüllt zum Eintritte in jenen Ort, in welchen nichts Unreines eingehen kann.

Unter diesen Gebeten ist der Kranke gestorben. Wir glaubten schon mehrere Minuten, daß er hingeschieden sei, als noch ein leises Zucken am rechten Mundwinkel erfolgte — das Zeichen, daß das Leben nun erloschen sei. Leicht und ruhig war das Schifflein aus dem Meere des Lebens in den Hafen eingelaufen und nur der heilige Ernst, der auf den todten Zügen lag, erinnerte an die Stürme, die es auf seiner Fahrt bestanden hatte. Aber doch war auch dieser starre Todesernst gemildert durch einen Hauch jener Liebenswürdigkeit und Alles gewinnenden Güte, die den hohen Verstorbenen im Leben ausgezeichnet hatte, die der wesentlichste Zug an ihm gewesen war."

Es war Mittwoch den 13. Juli früh 7¼ Uhr, als seine edle Seele ihre sterbliche Hülle verließ. Dreißig Jahre zuvor an demselben Tage hatte Gregor XVI. ihn zum Bischofe präconisirt.

Die schmerzliche Ueberraschung und Theilnahme in Rom war eine allgemeine, als der Präsident an demselben Tage den versammelten Concilsvätern diesen Todesfall mittheilte in jener Sitzung, in welcher der Hingeschiedene sein „Placet" abzugeben gehofft hatte. — Am Freitag (15. Juli) ward in der Kirche der Anima das feierliche Seelenamt gehalten in derselben Weise, unter Mitwirkung derselben Personen, wie beim Traueramt für den verstorbenen Cardinal Reisach.

Nicht zu schildern ist der Schmerz, den die so unerwartete Todesnachricht in der Diöcese Würzburg hervorrief, welche um jene Zeit auf den Empfang ihres zurückkehrenden Oberhirten sich vorbereitete. Auf Anordnung des Domcapitels wurde die Leiche nach Würzburg gebracht, wo sie am 18. Juli Abends 10 Uhr anlangte, und am Morgen des 19. Juli in feierlichem Zuge vom Clerus abgeholt und zur bischöflichen Hauskapelle geleitet wurde, in der sie bis zum Begräbnisse stehen blieb. Dasselbe fand statt am 20. Juli Nachmittags unter großer Theilnahme des Clerus, der Militär- und Civilbeamten und der Gläubigen. An den drei folgenden Tagen waren die Seelenämter in der Kathedrale. — Der Clerus der Diöcese ließ es sich nicht nehmen, dem Andenken des geliebten Oberhirten ein Denkmal zu setzen, das von Arnold's Künstlerhand gefertigt, eine Zierde der Cathedrale bildet.

Lange und segensreich hat Bischof Georg Anton das Bisthum verwaltet, weise und mild den Hirtenstab des hl. Burcard geführt. Viel geschah unter ihm für die Verschönerung der Gotteshäuser, Zierde der Altäre u. s. w. Dreiundvierzig Pfarreien, fünf Curatien oder Localcaplaneien, viele Caplaneien und mehre Beneficien wurden gegründet, mehr als einer halben Million hat er das hl. Sacrament der Firmung gespendet, mehr als siebenhundert Priester geweiht. Mildthätig und freigebig war er gegen die Armen, manche Noth hatte er gelindert, manche Wunde geheilt, manche Thräne getrocknet. Ein treuer Hirte war er seiner geliebten Heerde, ein treuer Sohn der hl. Kirche. In ihrem Gehorsame brachte er das Opfer seines Lebens willig dar. Jede Fiber an ihm war christlich, war Gewissenhaftigkeit. Möge der Herr mit Rücksicht auf dieses der Diöcese so kostbare Opfer derselben den kirchlichen Frieden bewahren ohne alle Trennung, und möge die Diöcese zum Troste des hochwürdigsten Nachfolgers und für alle Zeiten als ein heiliges Testament und Erbe ihres nun in Gott ruhenden Bischofes bewahren dessen **Glaubenstreue und Gehorsam gegen die hl. Mutter, die römisch-katholische Kirche!**